“SPIRITUALITÀ E TECNICHE ENERGETICHE”

Doreen Virtue

TERAPIA DEGLI ANGELI

I Messaggi degli Angeli
per ogni area della tua Vita

MyLife

Titolo originale: *Angel Therapy. Healing Messages for Every Area of Your Life*

Published in the United States by Hay House, Inc.

Traduzione: Laura Meucci
Editing: Enza Casalino
Revisione: Sonia Vagnetti, Marco Morra
Impaginazione e Grafica di copertina: Matteo Venturi
Stampa: Fotolito Graphicolor snc Città di Castello (PG)

I Edizione: Maggio 2012

www.mylife.it - Via Garibaldi, 77 - 47853 Coriano di Rimini
ISBN 978-88-6386-178-5

A Pearl e Frederique
– Doreen Virtue

♥ ♥ ♥

A te che sei l'infinita luce dell'universo
– Gli angeli

Indice

Prefazione

a cura della dott.ssa Doreen Virtue

♥♥♥

Ogni tanto, da bambina, una forza possente e amorevole mi svegliava all'improvviso nel cuore della notte. Nella mia stanza buia vedevo luci scintillanti e mi sentivo circondata da un amore ultraterreno che mi indicava che i miei angeli erano vicini. Poi ripiombavo nel sonno, certa di essere al sicuro e protetta da esseri grandi e gentili.

Col passare degli anni ho ottenuto una laurea, mi sono sposata e ho avuto dei figli, ma ho perso il contatto con gli angeli. Nonostante continuassi ad amarli, ho smesso di parlare con loro. Ogni tanto sentivo una voce spirituale che mi consigliava di cambiare qualche aspetto della mia esistenza, ma a causa di una vita stressante e frenetica, ho spesso ignorato i saggi consigli del mio angelo.

Tutto cambiò il 15 luglio 1995 mentre mi stavo vestendo per andare a un appuntamento alla chiesa di Anaheim, in California. Una voce d'angelo mi sussurrò appena sopra al mio orecchio destro: "Doreen, faresti meglio a chiudere il tetto della tua macchina o ti verrà rubata." Ero di corsa, quindi considerai quella voce più una seccatura che un aiuto.

Pensavo: "Non ho cinque minuti da perdere per chiudere la capotta!". La mia cabriolet bianca non dà nell'occhio quando la capotta nera è chiusa, ma quando è abbassata è un po' vistosa. Di sicuro quell'angelo voleva che la mia auto non fosse troppo appariscente per evitare di attirare l'attenzione di un ladro. La voce continuava con i suoi avvertimenti sui furti d'auto, ma io, testardamente, insistevo col dire che avevo troppa fretta.

Lungo tutto il tragitto sentii un'energia negativa circondare la mia macchina, come una fitta nebbia. Qualcosa dentro di me diceva: "Un ladro ha appena individuato la mia auto con l'intenzione di rubarla." Ne ero sicura, perciò quando entrai nel parcheggio della chiesa, pregai affinché qualcuno mi proteggesse. Non appena misi piede fuori dalla macchina, una voce maschile dietro di me mi urlò di consegnargli le chiavi e il portafoglio. La previsione del mio angelo si era rivelata esatta!

Seguii l'istinto che mi diceva di urlare con tutte le mie forze. Le urla attirarono l'attenzione di una donna seduta in macchina dall'altra parte del parcheggio, la quale si attaccò al clacson. Tutto questo trambusto fece sì che le persone uscissero dalla chiesa, così il ladro e il suo complice si dileguarono. Ero incolume e avevo ancora sia la macchina che il portafoglio. Quando chiamai la polizia per denunciare il fatto, scoprii che quei furfanti armati di pistola e coltello avevano già commesso altri colpi quel giorno.

In quel momento imparai ad ascoltare gli angeli! Non solo cominciai a prestare attenzione a ciò che mi dicevano, ma cercavo attivamente i loro consigli e il loro aiuto.

Più tempo trascorrevo a conversare con loro, più facilmente riuscivo a sentire gli amorevoli consigli che mi dispensavano.

Nelle mie sedute terapeutiche iniziai ad aiutare i miei assistiti guidandoli nell'ascolto dei loro angeli. Oggi agisco spesso come un intermediario che trasmette i messaggi degli angeli. Il loro potere benefico supera qualsiasi tipo di terapia umana io abbia mai provato. Gli angeli possono inviarci i meravigliosi doni di Dio. Per questo motivo sono contenta che molti di noi desiderino entrare in contatto con questi messaggeri divini.

Gli angeli hanno un modo diverso di vedere le situazioni quotidiane. I loro consigli ci aiutano a modificare i nostri pensieri offrendoci punti di vista più potenti e amorevoli. Ci insegnano a usare i nostri sensi spirituali per vedere, ascoltare, sentire e conoscere il mondo reale che trascende i problemi di quello illusorio.

Il modo di parlare e il vocabolario degli angeli sembrano differenti dai nostri. Penso che questo sia dovuto al fatto che percepiscono il mondo in modo diverso da come noi facciamo abitualmente. Vedono tutto con amore e pietà, e le loro priorità sono spesso lontane dalle nostre. Dal momento che hanno pieno controllo dei sensi spirituali, riescono a vedere, sentire, conoscere e ascoltare cose che vanno al di là del mondo fisico. Questi sono alcuni dei motivi per cui i messaggi degli angeli contenuti nella prima parte di questo libro possono sembrare, di primo acchito, difficili da comprendere. Tuttavia, se dedichi qualche minuto in più alla lettura e mediti sulle loro parole, penso che ti abituerai presto alla voce unica degli angeli e al loro punto di vista. Lasciati rapire dalla loro meravigliosa prospettiva e scoprirai il potere benefico racchiuso nei loro messaggi.

Gli angeli offrono una vasta gamma di consigli pratici che possiamo mettere in atto immediatamente. Ci insegnano a salvaguardare le nostre relazioni, la carriera e la salute. Nessun problema è troppo piccolo o imbarazzante per loro. Il messaggio che ci trasmettono è chiaro: "Affidaci ogni preoccupazione e noi la affideremo alla luce di Dio, il cui amore purifica tutto ciò che appare come un problema."

Leggendo queste pagine spero di farti immergere completamente nell'energia salutare degli angeli in cielo e sulla terra. Il libro è diviso in due parti: nella prima, sono stati gli angeli a comunicare l'intero testo. Dopo aver pregato affinché mi guidassero, ho perso i sensi mentre il Regno degli Angeli trascriveva attraverso la mia mente e le mie dita direttamente sulla tastiera del computer. Spesso sentivo la loro voce entrare nelle mie mani e diventare lettere sullo schermo. Altre volte, le parole oltrepassavano completamente il mio stato cosciente per diventare frasi scritte sullo schermo.

Raramente ero a conoscenza di quello che gli angeli scrivevano attraverso me. In effetti, a volte, avevo la netta sensazione di scrivere in turco: salvavo il testo, aspettandomi di vedere lettere senza senso, invece di parole e frasi sensate. Quando poi, più tardi, rileggevo il materiale che mi era stato comunicato, i moniti profondi e dolci degli angeli mi toccavano l'anima. Ho imparato molto da quei messaggi!

Sapevo che quello che mi comunicavano non era farina del mio sacco per svariati motivi; innanzitutto molte idee e punti di vista che emergevano erano completamente nuovi per me e non riflettevano nessuna lettura, insegnamento o introspezione che ricordo di aver intrapreso.

Inoltre, le scelte lessicali e sintattiche erano diverse dalle mie. Spesso gli angeli sceglievano parole che non avevo mai sentito prima; in questi casi chiedevo loro: "Siete sicuri che sia questo il vocabolo da scrivere?". Allora o mi davano il loro benestare o mi spiegavano cosa intendessero dire con quelle parole. Per esempio una volta scrissi "tuonare", invece la parola che avevano comunicato era "suonare". Controllavo i termini inconsueti sul mio dizionario. Puntualmente, scoprivo che la grammatica e il lessico non solo erano corretti, ma riflettevano la libera scelta di conferire alle parole significati specifici.

Ogni tanto, rileggendo i messaggi, mi accorgevo che non era una parola o una frase in particolare a toccarmi: era il tono complessivo del brano. L'energia degli angeli ha un che di morbido e vellutato. Se le misurassi con un oscilloscopio, le vibrazioni raggiungerebbero senza dubbio le frequenze più alte.

Io e Jill Kramer, direttore editoriale della Hay House, abbiamo deciso di lasciare i messaggi intatti (in gran parte non rivisti) così che tu possa leggere le parole esattamente come mi sono state comunicate dagli angeli. L'unica revisione al testo originale consiste nell'aggiunta della punteggiatura, nella separazione di frasi e paragrafi eccessivamente lunghi, e nella correzione degli errori di dettatura. Qua e là ho deciso di eliminare dai messaggi le frasi ridondanti o ambigue. Ho anche riformulato alcune espressioni che non erano chiare a causa del linguaggio arcaico utilizzato: per esempio, ho cambiato "non potea" in "non poteva". Allo stesso modo, ho cancellato alcune parole che per me appesantivano il testo. Ho apportato queste modifiche dopo aver ottenuto l'approvazione degli angeli e solo se la revisione serviva a comprendere meglio il testo senza perdere il significato del messaggio. Altre volte, quando ho chiesto agli angeli di riformulare le frasi con un linguaggio più moderno, mi hanno prontamente aiutato. Mi hanno anche chiesto di lasciare inalterata qualche espressione che mi disorientava, assicurandomi che, col tempo, questi messaggi avrebbero acquistato un senso.

Quando mi sono messa in contatto con il Regno degli Angeli per la prima volta non sono riuscita a tollerare a lungo le loro alte frequenze. Dopo un quarto d'ora di comunicazione, mi sentivo intontita. Proprio come la crema di cioccolato, la loro energia era troppo ricca e dolce per essere consumata tutta d'un fiato. Gradualmente, attraverso i passi descritti nella seconda parte del libro, le mie frequenze sono state purificate ed elevate, e ho potuto sostenere la comunicazione per periodi più lunghi.

I messaggi angelici vibrano a un livello così alto che potresti trovare difficile assimilare più di poche pagine alla volta. In parte questa difficoltà deriva dal nostro ego inferiore che non vuole farci comunicare con gli angeli. Sa che se ascoltiamo appieno Dio e gli angeli, la paura sparirà ed è lì che si fonda la sua forza vitale. Per questo motivo il tuo ego può cercare di dissuaderti da questo tipo di comunicazione. Ti farà sentire assonnato, affamato, assetato o distratto proprio nel momento in cui leggi i consigli degli angeli o cerchi di parlare con loro.

All'interno del libro troverai messaggi di conforto e guarigione relativi a varie condizioni umane, quali la paura, le dipendenze o le finanze. Se vuoi, puoi leggere le pagine specifiche relative alla situazione che stai vivendo in questo momento. È anche utile sfogliare il libro e leggere ciò che appare davanti ai tuoi occhi. Fai caso a come il contenuto si adatti perfettamente ai tuoi problemi e desideri attuali.

Nei loro messaggi non sempre gli angeli consigliano specifiche "cose da fare" per sentirsi meglio. L'effetto benefico di ciò che comunicano avviene a un livello più profondo, dove si innesca un cambiamento nel modo di vedere gli aspetti dolorosi o nella decisione di sbarazzarcene. Le parole degli angeli provengono dall'amore e, quindi, la sola lettura innalza le emozioni che proviamo dalle frequenze della paura a quelle dell'amore. Vibriamo al livello degli angeli nel momento in cui permettiamo ai nostri pensieri di elevarsi e raggiungere l'energia celeste.

Nella seconda parte del libro abbiamo illustrato una specifica guida per stabilire passo dopo passo una connessione e un rapporto più intimo con il regno spirituale. Se desideri parlare con gli angeli, con Dio, con Gesù, con qualche altro essere spirituale o con i tuoi cari deceduti, hai a disposizione tutti gli strumenti per una comunicazione divina.

Gli angeli mi hanno chiesto di sottolineare il fatto che i messaggi riportati in questo libro sono uno dei tanti passi del percorso verso la crescita spirituale. Usa le loro parole per far entrare la luce in tutti gli ambiti della tua vita in cui sembra regnare l'oscurità. Poi chiedi agli angeli di aiutarti ad ampliare questo fascio di luce finché non riempia completamente la tua coscienza e pervada la tua vita.

♥ ♥ ♥

Prefazione

a cura del Regno degli Angeli

♥♥♥

Tu sei un angelo terreno mandato da Dio per compiere azioni miracolose di amore e altruismo. Sei amato e amorevole e noi, angeli celesti, siamo qui per soccorrerti e darti consigli. Ti aiuteremo a purificare la tua vita e il vaso che la contiene per farti entrare in armonia con la sinfonia infinita della musica terrena a cui puoi partecipare.

Questo libro è uno dei mezzi che condividiamo con te, dal momento che desideri aumentare le tue vibrazioni interiori in modo che possa entrare sempre più luce nella tua sfera. Sappiamo che a volte soffri perché credi di essere solo e senza amici. Ti assicuriamo che non è così! Siamo sempre disponibili per aiutarti e consolarti e faremo splendere la luce dell'amore su ogni problema contro cui combatti. Condividi il tuo dolore con noi e lo spazzeremo via con la luce.

Ognuno di voi è diverso, eppure siete simili sotto molti aspetti. Nelle pagine di questo libro abbiamo guidato le mani e la mente della dott.ssa Doreen Virtue per condividere con te alcune considerazioni sui problemi terreni più comuni. Vogliamo anche farti sapere che, se necessario, siamo a disposizione per conversazioni individuali. Perciò, quando ti senti solo e triste, guarda in alto. Nella stanza con te c'è sempre un angelo che, se non riesce a darti la consapevolezza dell'immensità del cielo, può almeno regolare i conti con il cuore e la mente, quel tanto che basta per trovare un po' di pace.

Fai cadere le ombre del dolore e sfoglia le pagine di questo libro ogni volta che ti senti solo, depresso o alla ricerca di un'ispirazione. La lista degli argomenti è in ordine alfabetico, così puoi consultare l'indice per vedere quale tema potrebbe essere una benedizione per te quel giorno.

Ti suggeriamo inoltre di permettere alla tua mente di vagare liberamente e di aprire il libro su una pagina qualsiasi. Fidati: il tuo istinto ti permetterà di trovare quella che rimarrà più impressa nella tua mente in quel momento. Le tue vibrazioni ti attireranno magneticamente verso le parole giuste per regolare i conti in sospeso.

Man mano che leggi, abbi fede in quello che senti nel profondo; infatti, in questo libro, i tuoi angeli canteranno in armonia con le nostre parole. Proseguendo nella lettura, la bellezza del tuo coro interiore sarà per te motivo di felicità, se lo accoglierai in silenzio.

La nostra più grande soddisfazione è accendere nel tuo cuore la candela dell'amore di Dio, così che tu possa avere fame e sete di una gioia ancora più grande. Siamo certi che questo desiderio d'amore ti strapperà via dalle questioni terrene, portandoti sul sentiero di luce dorata che conduce dritto al cielo. Proprio ora, questo percorso all'interno di te stesso è in attesa di un tuo desiderio e noi siamo qui sempre pazienti e contenti di aiutarti ogni volta che non ti senti sicuro del punto in cui poggi il piede. Un solo pensiero, una sola richiesta d'aiuto e noi saremo lì con te.

Ti siamo vicini in ogni momento, caro amico. Ti chiediamo di avvolgerci con le ali del tuo cuore e di piangere sulla nostra spalla finché le lacrime non scorreranno più. Sei a casa qui con noi e sei sempre stato al nostro fianco. Sei davvero una meraviglia per gli occhi e ti asciughiamo le lacrime di dolore ricordandoti che non c'è altro da fare se non gioire, perché Dio ti ha reso sempre e per sempre nostro fratello e sorella.

♥ ♥ ♥

Riconoscimenti

♥ ♥ ♥

A Dio, agli angeli e ad alcune persone molto angeliche che hanno collaborato alla creazione di questo libro. Eterna gratitudine a te, adorato Creatore, e agli angeli celesti. Grazie Michele, Raffaele, Gabriele e Uriel! Grazie Frederique e Pearl! Infine, un sentito ringraziamento a Emmet Fox e al Wise Council.

Vorrei ringraziare Louise L. Hay per la gentilezza, la saggezza e il grande affetto; Reid Tracy per il suo calore, per i consigli e il supporto; Jill Kramer per il suo incredibile intuito con le parole, l'affetto e gli angeli; Christy Salinas per il talento artistico e creativo e per l'indole amorevole; Kristina Tracy per il suo grande impegno nella diffusione della parola dell'amore di Dio; Margarete Nielsen per il prezioso e appassionato contributo nei miei seminari; Barbara Bouse per l'inesauribile energia e l'entusiasmo nel supportare tutti gli autori della Hay House e le conferenze delle Empowering Women; Jeannie Liberati per i suoi coraggiosi viaggi interiori ed esteriori per scopi terapeutici; Ron Tillinghast per essere stato un supporto fondamentale ai miei libri e ai miei discorsi.

Un ringraziamento va anche a Lisa Kelm, Adrian Eddie Sandoval, Gwen Washington, Drew Bennet, Joe Coburn,

Janice Griffin, Polly Tracy, Lynn Collins, Dee Bakker e a tutti i membri della Hay House.

Inoltre vorrei ringraziare i coordinatori di seminari, conferenze e fiere che mi hanno invitata a parlare della comunicazione con Dio e gli angeli. Grazie a Debra Evans, Ken Kaufman e Gregory Roberts della Whole Life Expo; Michael Baietti e Mecky Myers della Health & Life Enrichment Expo; la dott.ssa Carolyn Miller, il dott. Richard Neves, Robert Strouse, la dott.ssa Susan Stevenson e la dott.ssa Leticia Oliver dell'American Institute of Hypnotherapy; Robin Rose e Karen Schieb della Universal Lightworker's Conference; Shanti Toll e Stella della Metaphysical Celebration; Ken Harsch della Universal Light Expo e altri ancora per avermi dato l'opportunità di comunicare spiritualmente con gli angeli di così tanta gente!

Infinita gratitudine anche ai curatori delle riviste metafisiche per il loro supporto, affetto e luce: David Allikas dello *Psychic Advisor*, Donny Walker del *In the Light*, David Young del *The New Times* di Seattle, Gary Beckman e Insiah Vawda Beckman del *The Edge* del Minnesota, Cindy Saul e Gerri Magee del *PhenomeNews* del Michigan, Joe e Shantih Moriarty dell'*Awakenings* di Laguna Hills (California), Sydney Murray del *Vision* di San Diego, Andrea DeMichalis dell'*Horizons* in Florida e tanti altri ancora che hanno contribuito a diffondere amore e luce attraverso la parola stampata.

PARTE PRIMA

I Messaggi Benefici

Abuso sui minori

Abbiamo visto molti dei nostri bambini feriti in diversi modi e vorremmo che ciò finisse. L'energia del nostro cuore placa i piccoli che soffrono per mano di adulti orribili. Tuttavia, sappiamo che la nostra solidarietà andrebbe ad aggiungersi alla rabbia e, quindi, ti offriamo un'altra soluzione.

Sapevi che se ogni ora ti fermi e preghi: "Ci sarà una soluzione", blocchi il momento in cui le tenebre fingono di essere luce? Penetri il velo dell'oscurità e ne scopri l'identità lasciandola sbiadire mentre la dolce melodia della musica risuona felice e tutte le mani si stringono in un cerchio di amicizia.

Non rimandare questa promessa perché ti aiutiamo dai cieli a proteggere e a guidare le tue preghiere per i bambini. Tuttavia, una semplice stretta di mano dal cielo non basta a svelare la natura che si nasconde dietro chi commette atti di crudeltà nei confronti dei nostri bambini. Abbiamo bisogno di testimonianze da parte di chi, come te, si preoccupa per loro, tanto che il suo cuore è paralizzato dall'indecisione: "Chi aiuterò?", "Cosa farò?".

Allontanati con grazia e risolutezza da questa indecisione che impedisce alle tue azioni di sbocciare partendo dall'amore che è dentro di te. Ti invitiamo all'azione non con cuore arrabbiato, ma così pieno d'amore che scioglie l'oscurità in coloro che farebbero del male ai bambini.

Sai cosa stiamo dicendo, caro amico? Ti stiamo chiamando presso i nostri cuori così che possiamo riunire tutte le anime in un unico sforzo per guarire la causa di questa difficoltà. Non c'è soluzione sulla terra per porre fine alla sofferenza di milioni di bambini, quindi ti chiediamo di smettere di analizzare la sofferenza nella speranza che questo ti porterà alla sua guarigione. Studiarla ti porta solo più dolore, prezioso figlio del nostro santo Creatore!

Non cercare di curare i mali con le tue attente ispezioni. Piuttosto, cerca conforto dentro di te, in Colui che conosce tutte le risposte. Ti invita a unirti al Suo fianco e a rivolgere tutti i mali e le preoccupazioni alla Sua amorevole grazia. Quando Dio scopre le decisioni e ti invita a onorare le tue capacità con l'azione, non devi esitare chiedendoti se la Sua chiamata sia sbagliata. Dio non fa errori e sa perfettamente di cosa sei capace in questo momento!

Sii felice perché il Creatore include il tuo amorevole essere nel Suo grande progetto di porre fine a tutta la sofferenza sulla terra. Dio è magnifico e tu sei il Suo più grande miracolo. Non devi prolungare la tristezza un solo istante di più chiedendoti se il Suo invito alla grandezza sia o meno qualcosa di autentico. Fidati, è così e ti sentirai avvolto dal potente amore che ti circonda anche adesso.

Svela la tua grandezza che guarirà tutti gli errori umani, se aprirai gli occhi alla consapevolezza del Suo amore. Cari, non commettete altri errori con questi preziosi bambini che Dio affida alle vostre cure. Siete invitati a condurli sul sentiero che Egli vi indica.

Lasciati indirizzare nel cambiamento sociale che alimenta la tua passione. Dio è lo strumento di guarigione e tu la Sua causa sociale. Sei il fuoco che dona amore a molti genitori e che guarisce i loro cuori dalla paura, portando loro conforto. Cancelli la loro angoscia e il loro senso di colpa così che possano inginocchiarsi a venerare il Magnifico che li ama fortemente. Abbandona in fretta i tuoi giudizi affinché la luce possa scorrere attraverso te e inondare tutti coloro con cui parli.

Devi indirizzare questo flusso benefico verso l'unica direzione che la natura vuole per te. Ti si chiede semplicemente di aprire le tende che contengono e sigillano la luce dentro di te, e diventare come una finestra a vetri che permette al sole di irradiarsi attraverso tutti quelli che la toccano e la vedono, senza alcuna distinzione. Caro amico, sei una finestra su Dio per chiunque Lo cerchi e le tue abilità di pastore sono insite dentro di te. Permetti loro di brillare mentre li conduci verso la Sua luce così che possano guarire e trasmettere l'amore ai loro bambini.

Tutto si sistema nell'istante in cui giungiamo davanti a Dio. Cantiamo all'unisono: "Hallelujah, Hallelujah, la Sua immensa volontà amorevole è al servizio di tutti."

Amicizia

Ci accorgiamo che molti di voi si sentono soli, senza amici e lontani da tutti noi. Pensate di essere individui solitari e incompresi dalla maggior parte delle creature che popolano questa terra. Chi tra voi è stato deluso da un amico trova conforto assumendo una posizione d'autorità, superiore a quella di Colui che gli ha donato l'amicizia.

È necessario dirvi questo, cari amici: noi angeli siamo più numerosi di voi. Il nostro numero è sconcertante, ci spingiamo dentro e fuori da ogni regno. Questa celeste dimostrazione d'affetto è per voi, se ce lo chiedete; eppure, vi ostinate a dire che siete soli. Questa insistenza crea la vostra solitudine, miei cari. Forse avete una visione romantica di voi stessi, ma l'immagine che scolpite non ne riflette una speculare. Voi, che siete fatti a Sua immagine e somiglianza, vi vedete soli e diversi.

Questo punto di vista frammenta la tua esperienza in schegge appuntite che congelano la vera essenza della tua anima. Quando dividi il mondo in elementi che congiungono e conquistano, ti isoli nascondendoti in un angolo buio, senza nessuno con cui comunicare.

C'è un tempo e un luogo per stare da soli: di questo puoi

essere certo. Ma è essenziale che la tua mente capisca, mentre cammini sul pianeta Terra, che qualsiasi persona a cui rivolgi il tuo sguardo, non è altro che un esempio di ciò che sei. Non c'è alcuna differenza tra te e lei, tra lei e noi. I frammenti che vedi non sono che illusioni ottiche, come le chiameresti tu, che creano immagini di solitudine che puoi tenere per te o condividere.

È così per tutti, ovunque tu volga lo sguardo. Si tratta sempre della stessa esperienza. E per quanto concerne le scelte, hai a disposizione quella più grande che uno possa fare: l'unica! Quando cerchi l'unione, l'obiettivo sembra scivolare via. Pensi che il traguardo continui ad avanzare nel tempo finché, alla fine, protesti frustrato perché ne hai abbastanza.

Tuttavia, noi angeli siamo qui per condividere la gloriosa notizia del risveglio tra di voi. In quella circostanza avrai la certezza e la sicura consapevolezza che l'unione non avviene né nello spazio, né nel tempo, né avanti, né indietro, né su, né giù, in nessuna dimensione. L'unione è qui, con te, e comincia ora.

Sii felice di essere a casa, qui su questo pianeta per la durata della tua missione perché il futuro è roseo. Se ritieni che ti manchi qualcosa, invece, trascorri la tua breve vita a crogiolarti nell'infelicità. Questo pensiero ti spaventa. Non cercare l'unione in modi che ti sgomentano, ma cerca i raggi luminosi presenti in ognuno di voi e testimonia la grandezza che appare ovunque tu guardi.

Il tuo amico sei tu, mio caro, e tu, e tu. Su tutta la terra i tuoi amici ti aspettano. Non mandarli via nel bel mezzo del cambiamento planetario che ti invita ad analizzare le tue azioni. Trascorri, invece, questo tempo chiamando quel fratello che desidera l'amore. Portalo a casa con il tuo amore. Guariscilo con la tua verità e deponi tutte le spade che ti privano di dolci ricchezze. Prima di tutto sii amico di te stesso e non sarai più solo.

Amore

Cosa possiamo dire sull'Amore? È il vero potere e l'essenza di tutto, il dolce soffio dell'universo, colui che muove i fili del cuore, il suono che un violino produce in un incredibile crescendo. Muove le montagne e scuote gli alberi, eppure molto non si conosce e molto si teme riguardo la Sua forza grande e potente.

Per spiegarti il cuore dell'amore dobbiamo coglierti in un momento di tranquillità. Anche adesso sentiamo che il tuo entusiasmo sta aumentando, perciò ti chiediamo di sederti tranquillo mentre plachiamo i tuoi desideri con una leggera tregua. Stai lì, stai lì ancora un po' ed è proprio nella tranquillità che giunge il gentile momento della consapevolezza.

Ci vedi in un ambiente incantevole, rischiarati dalla luce interiore. Ti assicuriamo che questo chiarore proviene dalla candela dell'amore che è dentro di noi. È un potere unico con una sola direzione che può portare grandezza alla sua ricerca. Aumenta man mano che lo si dona, eppure, per questo motivo molti di voi lo ritengono spaventoso. Tuttavia, cos'è che tiene lontani gli individui dal potere più grande del mondo? Non c'è cosa su questo pianeta o da qualche altra parte che possa estinguere la fiamma del Suo essere.

Quando scambi quelli che si avvicinano a te con quelli che ti sottraggono qualcosa, confondi entrambi con l'amore. Sono attratti da te perché vanno alla ricerca della misericordia per loro stessi e per gli altri. Cercano di espiare la loro colpa e di placare la loro sete nella fonte dell'amore di Dio che vedono dentro te. Eppure, la loro attrazione nei tuoi confronti ti perseguita con i ricordi dei tempi in cui tu stavi in disparte affamato e assetato, testimone di come gli altri si ristorassero nel lago dell'amore.

Abbiate pietà di voi, gentili figlioli, quando assistete a questo comportamento imprevedibile nato dalla confusione e dalla voglia d'amore. È vero che il vostro desiderio si placherà in un altro, ma questa attenuazione non spegne la fiamma. Piuttosto è vero il contrario! Per quanto tu possa donare a qualcun altro nel nome dell'amore, sei testimone della continua crescita di questa tendenza dentro di te. Il fuoco si fa più vivo e più alto ad ogni scintilla che doni.

Non esiste potere che possa estinguere la fiamma eterna che brucia dentro ognuno di voi! Il segno dell'amicizia sul tuo cuore aggiunge solamente altre fiamme a questo fuoco che brucia sempre più.

Forse hai paura di perdere il controllo di ciò che arde nel tuo petto. Sì, condividiamo con te l'intensità dell'amore e sappiamo che, a volte, questa può essere confusa con la mancanza di controllo delle emozioni nel tuo cuore. Tuttavia, nella quiete, la passione che provi per Dio e per tutti gli altri è la profonda essenza del vero controllo su questa terra. Il suo potere è incommensurabile nelle sue possibilità e attira a te coloro che desiderano dissetarsi della sua bellezza.

Forse ti chiedi se essi stiano gettando sabbia sul tuo fuoco. Tuttavia, la loro presenza è motivo di ammirazione e celebrazione perché rivela il santo potere del fuoco di rimuovere dall'atmosfera tutto ciò che porterebbe oscurità. È vero, a volte il tuo potere supera il buon senso e allontani gli altri riducendo l'intensità del tuo fuoco. Eppure, è impossibile che tu o qualcun altro possiate estinguerlo in qualche modo.

Il fatto che essi cerchino di bere dalla tua sorgente dà credito alla legge universale: ciò che cerchi si trova sempre e ciò che offri viene sempre reintegrato.

Quindi, caro amico, non affievolire il tuo fuoco per poter vivere più tranquillamente, perché sei stato mandato su questa santa terra come un fulgido esempio per coloro che vorrebbero amarti. Sei capace di dominare sui tuoi fratelli e sorelle, ma cercheresti di controllare ciò che suscita gioia ed estingue ogni povertà? Sceglieresti di far tacere la meravigliosa musica del cielo che muove la tua anima?

Non aver paura che l'incendio furioso dentro di te smetta di esistere o che le sue fiamme alla fine ti divorino in uno spettacolo di follia. Non c'è niente di prezioso che tu possa perdere! Il tuo fuoco è eterno e sei qui per mostrarlo a tutti coloro che lo vogliono vedere. Come una fiamma che passeresti di torcia in torcia, sii felice di accendere il fuoco nel cuore di tuo fratello. Guardalo mentre lo passa alla torcia di un altro uomo e, mentre la fiamma cresce in forza e resistenza, sii felice di non aver avuto paura di toccarla. Questo è l'amore, nell'anima.

Ansia

Quando la tua mente si concentra sui pensieri che riguardano il futuro, è naturale che tu sia preoccupato. Vorresti sbirciare oltre il domani e dare un'occhiata all'immediato futuro per essere sicuro che tutto funzioni. Lascia che lo facciamo noi per te adesso, perfetto figlio di Dio.

Non hai niente di cui preoccuparti e hai la nostra parola che ogni cosa, da ora in poi, sarà perfettamente al suo posto. Affidaci i tuoi pensieri sul disordine e li riorganizzeremo per te finché non saranno fissati in una perfetta dimostrazione di fede. Santo figliolo, dal momento che sei padrone delle tue giornate, non hai davvero nulla di cui preoccuparti. Non esiste alcun problema che tu non possa superare oggi o domani e siamo sempre accanto a te per sorreggerti ogni volta che cadi.

Quando eri piccolo e ti sbucciavi le ginocchia cadendo sul marciapiede, chi pensi che abbia rivolto il tuo viso al sole in modo che il bacio dell'amore divino ti asciugasse le lacrime? Eravamo noi, caro figliolo, e non ti abbandoneremo mai, neanche da adulto. Possiamo immergerci istantaneamente nei tuoi pensieri per aiutarti a ritrovare la strada di casa per il cielo.

Se dovessi temere di deludere qualcuno, ti chiediamo di lasciare a noi questi pensieri. Potrebbe mai un angelo deludere un suo amato? Ricordati che sei un angelo, santo figlio di Dio. Sei un angelo mandato sulla terra da Colui che ti ama in tutta la Sua essenza. È impossibile deludere qualcuno che ami quando i tuoi pensieri sono puri e le tue intenzioni vengono dal cuore.

Ti sosterremo in ogni modo possibile e anche quando sorgeranno inevitabili ritardi e ti chiederai se Dio ascolti o meno le tue preghiere, non temere. Noi siamo vicini. Anche se non te ne accorgi, ti teniamo per mano e ti conduciamo nei posti giusti con le persone giuste che ti riempiranno il cuore di gioia. Il desiderio di provvedere alla tua famiglia è così dolce e fondato sull'amore, che Dio ascolta le tue preghiere prima ancora che tu le abbia pensate.

Egli, a modo Suo, piange per le preoccupazioni dei Suoi figli. Ti chiede solo di farlo avvicinare il più possibile al tuo cuore, in modo che tu possa ricordarti che non sei solo su questa terra. Ti chiede di lasciar scorrere il Suo amore celeste nel tuo cuore e nel vascello corporeo affinché tu possa portare questo carico prezioso nel mercato della vita e scambiarlo con qualcosa che soddisfi i tuoi desideri.

La via per raggiungere il cielo è dentro di te. Puoi chiederti dove sia e come tu possa accedervi per stare al sicuro dai disordini della vita. Non devi guardare oltre i tuoi pensieri, mio caro. Tutto quel che devi fare per estinguere le fiamme dell'ansia è affrontare le tue intenzioni con calma. Togliti dalla testa l'idea che provare ansia significa sforzarsi di trovare una soluzione. Dio sa che ti preoccupi e ti chiede di spianargli la strada per poter intervenire nella tua vita.

Quindi adesso fai tre respiri profondi, concentrati e libera la mente così noi arriveremo. Permettici di guidarti per un po' mentre riposi mente e corpo. Hai lavorato tanto e a lungo e ora ti meriti una pausa, mentre noi liberiamo il tuo cuore dalle nubi delle preoccupazioni.

Se questo "basta chiedere" ti sembra semplice, è perché lo è! La semplicità è il cuore di Dio e la risposta alle tue ansie. Non permettere alla tua mente di tormentarsi ancora chiedendosi: "E se succede così?", "E se succede colà?". Tutti questi "E se..." sono estenuanti e non servono a niente!

Noi angeli cantiamo una canzone d'armonia con grazia perfetta. Il motivo della sua bellezza è la sua semplice melodia. Lascia che la tua mente si sintonizzi su questa musica concentrandosi solo su una cosa: l'amore. Fai in modo che questo sia il tuo mantra mentre inspiri ed espiri profondamente e senti la tua mente pulita, proprio come la luce del sole spazza via la nebbia.

Caro figlio di Dio, ti meriti di vivere giornate di sole senza preoccupazioni. Permettici di spazzare via le tue paure con il nostro abbraccio delicato. Affidaci le tue ansie e noi le consegneremo al Creatore affinché tu non le veda più tornare da te. Questa amnesia angelica è il nostro regalo per te e la liberazione dalle paure è il tuo regalo per noi.

Ansia da palcoscenico

Quando ti metti in mostra davanti agli altri, è normale che tu sia nervoso e persino spaventato. Hai paura di ciò che gli altri possono pensare o dire di te e temi che ciò che fai non sia in linea con le tue intenzioni. In quei momenti, specialmente quando sei chiamato a condurre gli altri a una frequenza più alta che fornirà una soluzione alle loro paure, ti assicuriamo il nostro appoggio e la nostra vicinanza.

Se interpreti un ruolo di rilievo che coinvolge le arti, l'insegnamento o l'immaginazione guidata, permettici di esaminare cosa si cela dietro l'ansia da palcoscenico: stai prendendo in considerazione solo ciò che è rischioso per te. Sei preoccupato per quello che gli altri possono pensare di te, e invece sei tu che ci stai pensando. Se prenderai in considerazione quello che puoi davvero donare, dire o fare per gli altri e quanto ciò sia importante, riuscirai a guarire le loro paure; ti assicuriamo che la tua performance rappresenterà la funzione benefica della divinità dentro di te.

Getti via le tue paure, sai che sei qui per svolgere un compito importante. Un altro modo per far svanire l'ansia è intuire l'intenzione del pubblico davanti a te. Che tu sia nella stessa stanza o lontano nel tempo o nello spazio, puoi far vibrare le tue frequenze interiori per sintonizzarti con le persone che assistono alla tua performance. In questo modo, assorbi dentro di te le loro necessità e, attraverso le parole e le azioni, potrai andare automaticamente incontro ai loro bisogni.

Non serve essere nervosi. Affidati al tuo Io superiore per eseguire la performance giusta al momento opportuno. Forse questo termine evoca un'immagine di falsità e finzione. Se ti agiti, sottrai alla tua esibizione la fonte di verità e passione. Ma se resti sintonizzato su questa fonte interiore, tirerai fuori le tue più profonde credenze, in qualunque tipo di performance, che sia l'arte, la fotografia, l'oratoria o i tornei sportivi. Ispiri gli altri con le tue azioni, quindi è giusto che tu abbia successo, mio caro.

Siamo una squadra vincente. Insieme non possiamo sbagliare, anzi, facciamo molte cose giuste. Ogni volta che ti senti nervoso o spaventato, dai un'occhiata alla tua spalla destra e ricordati che siamo proprio lì con te. Nel momento in cui ti ricordi della nostra presenza, il tuo dolore è spazzato via ed è rimpiazzato da un sorriso. Se ce lo chiedi, ti terremo la mano. Stabilizzeremo la tua energia per farti smettere di tremare e ti guideremo nel tuo compito, così potrai trasmettere l'energia più alta che guarisce tutti quelli che ti sentono e ti vedono. Nostro amato, ricordati che non sei mai solo.

Appuntamenti

Sai che quando giri per la città, ti porti dietro qualcuno di noi? Amiamo vedere l'amore e, se ce lo chiederai, interverremo con piacere per garantire che l'amore transitorio scorra via senza intoppi. Capiamo che i tuoi appuntamenti possano essere motivo di ansia. Stai certo che siamo qui per soccorrerti, non solo nel Regno degli Angeli, ma anche altrove.

Possiamo aiutarti ad andare subito al nocciolo della questione nel tuo appuntamento, così saprai per certo se vorrai trascorrere del tempo con questa persona. Chiedici di mostrartelo: ti aiuteremo a pronunciare le parole giuste per avere immediatamente un quadro preciso della persona che stai frequentando.

In un appuntamento, l'espressione del tuo viso fa parte dell'aspetto esteriore; noi, invece, cerchiamo di renderla una questione interiore. Pensa a un fiore. I petali rappresentano la sua bellezza, ma essi nascono dalla profonda sorgente di vita che è nel loro nucleo. Nel tuo caso il nucleo, basato sulla tua fonte di energia guaritrice ed eterna, è costituito dalla fragranza che attrae a te l'amore già durante il primo appuntamento. Permettile di essere trasportata dal vento attorno a te, con la sola coscienza della tua essenza interiore di gioia.

Ciò che stiamo dicendo, mio caro, è di gettare via tutte le paure, le preoccupazioni e i problemi di questo tipo: "Come mi vesto?", "Cosa dovrò dire?", "Quanto mi costerà?". Metti i timori nel tuo nucleo centrale perché lì si dissolveranno. Caro amico, nella parte centrale del tuo essere, il fascino eterno è garantito.

Ti chiediamo di trattenere le tue paure e di concentrarti sull'appuntamento. Non ti stiamo dicendo di diventare solitario e introverso. Per niente! Il tuo quadro di riferimento interiore ti porterà a intavolare conversazioni brillanti e a provare un'immensa gioia stando con gli altri, sia che si tratti di un appuntamento o di un altro contesto sociale. Ci siamo resi conto che si divertono di più quelli che, mentre sono in compagnia, restano concentrati in questo sacro spazio.

Non ti chiediamo di disinteressarti del benessere altrui, ma di rimanere assorto sul vero spazio del tuo essere nel quale l'interesse che provi viene a galla naturalmente nella sua autenticità. La tua essenza è affascinante e non devi preoccuparti di diventare noioso o di allontanare gli altri.

Nel tuo gruppo le persone conversano con te su un piano invisibile e sanno quando sei sincero e quando no. Il vero fascino della tua onestà è indimenticabile e non devi affidarti a noi per questo. Provaci da solo, poi chiedici di aiutarti e guarda come reagiscono gli altri.

Con noi il tuo spirito cresce in maniera attraente e in ogni conversazione hai con te un terzo ingrediente che contribuisce a creare un'atmosfera piacevole. Gli altri saranno affascinati da ogni tua parola senza sapere il perché. Il tuo ingrediente è l'essenza invisibile dello spirito, caro amico, e ti si chiede di portarlo a tutti gli individui con cui interagisci.

Il dono di uno spirito florido è inconfondibile e risveglia negli altri la loro fame, a lungo dimenticata, di riconnettersi con chi sono veramente. Sei un catalizzatore per il cambiamento, mio caro, che tu sia a un appuntamento, in drogheria, in banca o in coda. Usa il tuo tempo saggiamente, per amore dello spirito, e tutte le tue relazioni guariranno. Ricorda, non sei solo.

Possiamo venire con te al tuo appuntamento, ma puoi anche chiuderci fuori ogni volta che vuoi. Per esempio, siamo muti quando nell'aria c'è rancore. Diventiamo invisibili quando nell'aria c'è frustrazione. Sei tu, quindi, che scegli e hai il controllo. Tu ci dici in cosa possiamo aiutarti e siamo ben contenti di farlo in cambio della tua felicità, caro figlio di Dio. Siamo stati creati per soccorrerti su questa terra e quando in un appuntamento si forma una coppia, cantiamo nei cieli con musica e risa. Vogliamo aiutarti!

Bambini

I bambini sono per te dei doni, quelli degli altri o i tuoi, tutti. Cerchiamo di unirti alle loro risate e visto che cerchi la pace interiore, ti invitiamo ad ascoltare le espressioni di un bambino: ciò ti porterà a casa per strade celesti. La gioia e la spensieratezza dei bambini ti ristorano, quindi non devi guardare ai loro giochi come a delle seccature che interrompono i compiti importanti della giornata.

In realtà, la loro risata è una liberazione dalla stretta che minaccia di strangolare il tuo corpo e la tua mente. Ti senti soffocare quando fingi di apprezzare ciò che in realtà detesti e il tuo respiro diventa debole e irregolare. Prezioso figliolo, non ignorare ciò che questa mancanza di ossigeno fa alle tue cellule! Ti esortiamo ad allentare questa morsa e a imparare dai modi di un bambino; ciò ti guiderà laddove la tua forza aerea possa volare stabilmente in serenità e armonia.

Ci sono delle infezioni nei pensieri che promuovono la disarmonia. I bambini non ne sono a conoscenza, dal momento che le loro menti sono ancora fresche della casa celeste. Permetti al loro modo di pensare di prendere per un attimo il controllo della tua coscienza e senti il refrigerio nel tuo corpo mentre vieni condotto a casa. La loro naturale curiosità può indurti a ispezionare da vicino un bruco. Guarda i piedini lanuginosi rimbalzare felici sul terriccio e il modo gentile in cui si rannicchia e striscia.

Non perdere la capacità di osservare affettuosamente la natura, prezioso figlio di Dio. Ti esortiamo ad aumentare la consapevolezza delle meraviglie naturali intorno a te. Questo è il messaggio benefico che i bambini ti portano con insistenza da parte del Creatore. Ogni giorno ti lasciano i loro promemoria, eppure quante volte li consideri segnali irritanti? Non sfuggire all'innocenza dei bambini considerandola priva di valore, perché essi sono i più utili maestri sulla terra.

Vedi che cosa stiamo cercando di fare? Un capovolgimento completo dell'ordine in cui classifichi le altre persone. Grande attenzione è rivolta all'ordine del mondo dei maestri che, in realtà, è rovesciato. Ci sono maestri di ogni tipo, questo è vero, ma i più grandi di tutti sono freschi di cielo e portano con sé il trionfale canto di grazia e meraviglia. Sono impressionati dalla semplicità, un valore che puoi imparare anche da solo.

Caro amico, fa' che i bambini diventino i testimoni sicuri della meraviglia e della grazia di Dio e non sbaglierai strada mentre giri e ti arrampichi su sentieri importanti, nel corso della tua vita sulla terra. Le loro ali possono essere piegate dai tuoi occhi. Ma ti assicuriamo che i piccoli sono angeli potenti mandati per assisterti sul tuo pianeta emergente. Ti porteranno doni meravigliosi, se solo ti siederai un attimo a parlare con loro e se sarai disponibile a vedere le cose in un altro modo.

Ci stai chiedendo se i bambini dovrebbero intervenire sulle questioni politiche di questa grande terra? C'è spazio per un tale intervento, ma attraverso riflessioni pratiche consone alla loro saggezza gentile e innocente. Faresti bene a consultare un bambino prima di promulgare una nuova legge e a chiedere il suo punto di vista su questioni di grande importanza.

Nel suo respiro sentirai un amore gentile che allude a una saggezza abbondante e profonda. Permetti al suo dolce potere di spazzare via tutta la dissonanza. Ricordati che sono freschi di Creatore e non si sono ancora permessi di perdere le Sue lezioni come invece ha già fatto chi è qui da più tempo.

Ristoratevi alla Sua sorgente attraverso la grazia dei Suoi angeli celesti che voi chiamate "bambini" su questa terra. Dio sia con voi in tutti i modi, poniamo la Sua potente spada della saggezza nei vostri cuori nel momento in cui siete chiamati all'azione per conto dei bambini. Lo scontro non è a casa vostra, ma dentro al vostro cuore. Affidatelo a Dio e ovunque c'è Lui troverete la vittoria. Dio è qui anche adesso, miei cari. È nel vostro cuore e nella vostra casa. Abbiate fede nell'amore e non sarete mai divisi da alcuna fazione, preziosi e santi figli di Dio. Siete amati, ricordatevelo sempre.

Cambiamenti

Quando cadono le foglie in autunno, piangi forse per il cambio di stagione? Magari appena un po'. La terra sembra cambiare troppo presto, prima che tu sia pronto, e le stagioni passano senza chiedere il permesso a nessuno!

Senti la terra tremare sotto ai tuoi piedi come se la vita battesse i denti dalla paura? Sei incerto sulla direzione da prendere? I cambiamenti stanno per giungere nella tua vita e ti sembra di non riuscire a gestirli? Sei anche indeciso su quale via e strada prendere per ottenere il risultato desiderato? Non preoccuparti, dolce anima. Sei arrivato nel posto giusto per sfogarti.

Tu ritieni che questi cambiamenti siano una pausa e un'interruzione dal flusso degli eventi. Noi li vediamo come flusso di energia sotto ai tuoi piedi man mano che ti muovi. Il fiume che scorre cambia costantemente mentre trasporta una barca sulle sue spalle. Il flusso del cambiamento della tua vita funziona più o meno allo stesso modo, dolce figlio di Dio, dal momento che ti trasporta velocemente e in sicurezza attraverso alcune tappe della vita su cui non ti saresti soffermato volentieri. Vedi, sotto a questo fiume impetuoso c'è un fondo roccioso e potresti sbatterci contro se dovessi fermarti per un po' a riflettere sulle possibili alternative.

Quindi ringrazia la velocità con cui la tua vita sta cambiando direzione e, per carità del cielo, non impedirne il flusso perché non sai mai quali momenti di esitazione e resistenza possano farti finire sulle rocce che si trovano sotto la superficie dell'acqua.

Quando ne hai bisogno, la prudenza ti viene da dentro e puoi fidarti di chi governa questa barca, per la traversata sicura fino a sponde lontane in luoghi sconosciuti. Ricordati che la tua guida è stata su questo fiume molte volte, in numerose vite, perciò è a suo agio nonostante il luogo ti appaia sconosciuto e inesplorato. Forse è giunta l'ora di chiuderti in cabina e di goderti il viaggio.

Mentre galleggi sul fiume, avverti una certa dolcezza nel disordine transitorio e non c'è niente di più delicato del dondolio del canto della dolce Madre Terra che ti culla con il suo movimento perpetuo. I ritmi della tua vita ora si stanno allentando e stanno diventando più naturali. Non allarmarti per i cambiamenti che stanno avvenendo in te e nella tua esistenza. In ogni momento del viaggio, sei perfettamente in grado di spostare di poco il tuo peso da un lato per cambiare leggermente la rotta.

Come vedi, hai il controllo attraverso il pensiero e l'intenzione. Il controllo deriva da decisioni lievi, caro amico. Proprio come un bambino preso dalla risacca è in pericolo se si fa prendere dal panico e lotta contro la forza dell'acqua, anche tu trovi la salvezza e la forza se ti abbandoni sapendo che hai tutte le opzioni che vuoi nella tua mente. Usa quel potere con grazia, piccolo mio.

Ricorda chi è il tuo Creatore e come ti impone un'uguale quantità di potere creativo. Non devi temere la tua forza perché fa parte di te. Resistere ai cambiamenti è un modo im-potente per controllare la tua vita, mentre decidere con fermezza è un metodo potente che non fallisce mai. Usa il tuo potere con grazia! Ti esortiamo a essere consapevole delle tue capacità quando collabori con il cielo alla creazione. Sei responsabile. Sì, lo sei veramente.

La decisione spetta a te, quindi la nostra domanda è questa: "Cosa desideri?". Forse non sei contento dei cambiamenti che stanno avvenendo attorno e dentro di te perché rappresentano ciò che non vuoi vedere di te stesso. È il tuo Io interiore che sta venendo fuori e si sta riversando nel mondo esterno? Invece di piangere per questa circostanza, puoi intenderla come un'opportunità per ripulirti dentro e fuori. In questo senso il cambiamento è una buona notizia. È sempre per il meglio. Non devi opporti: devi solo cambiare idea e controllerai il flusso della tua vita come un fiume imbrigliato.

Carriera

Pensiamo che la parola "ispirazione" sia parte integrante di questo argomento perché potrai lasciarti ispirare per trovare il lavoro che ti darà gioia. Parliamo di "gioia" perché la carriera è fatta di questo. Sei una goccia di luce mandata sulla terra per baciare la rugiada del mattino. Pensa alla gioia che la luce del sole riceve quando emana i suoi raggi come riverbero dell'eterno bagliore di Dio. Ora capirai perché ne parliamo fin dalle prime righe di questo capitolo.

Molti di voi hanno deciso di essere messi con le spalle al muro in campo lavorativo, vincolati da forze esterne che determinano le loro scelte. Cari figli di Dio, niente potrebbe essere più lontano dalla verità! Vorremmo che poteste osservarvi dalla nostra angolazione mentre rinunciate alla vostra totale libertà. È tragico vedere quanti di voi siano intrappolati in lavori che soffocano la vera essenza di gioia.

Cari amici, non dovete restare dove non siete graditi. Liberatevi mentalmente da un lavoro che non può appartenervi e vedrete che, a sua volta, se ne libererà presto anche il vostro corpo. Portatevi questo nel cuore, specialmente la sera quando andate a dormire: "Non ho niente da temere. Ho scelto di pensare alla gioia quando rifletto sulla carriera." Miei cari, fate solo questo e si verificherà una svolta nella vostra coscienza.

Il prossimo argomento riguarda la disponibilità a cercare il lavoro che avete scelto. Molti di voi sognano il giorno in cui, in futuro, saranno preparati e pronti per la carriera che vogliono intraprendere. Secondo noi, si tratta di un errore della coscienza. Vorremmo che rimaneste ancorati al presente quando pensate alle prospettive lavorative. In questo modo, la vostra alba entrerà dentro di voi oggi e non domani.

Ti chiediamo di stare al passo con i tuoi desideri e, mentre rifletti sulla prossima mossa, dì a te stesso che è questo il momento in cui avviene il cambiamento. Né poi, né mai. Adesso. Complimentati con te stesso per essere rimasto a cavallo di questa verità che i mortali difficilmente riescono a vedere. Tuttavia, ti chiediamo di imparare a farlo e di insegnarlo agli altri così lo tramanderemo a tutti.

Molti di voi vedono il lavoro con gli occhi di un bambino che dice: "Quando sarò grande diventerò questo o quello." Questo tipo di consapevolezza caratterizza la maggior parte degli adulti che continua a considerare la carriera in una prospettiva futura, anche in età avanzata.

Oggi è il giorno e ora è il momento! Non c'è mai stato giorno migliore per rimanere ancorato all'idea del lavoro che fa per te. Di quale si tratta? Bene, ora che abbiamo deciso quando agire è arrivato il momento di stabilire come.

Sai per certo, o pensi di sapere, che la carriera è l'essenza del tuo essere. Mentre ti protendi all'esterno come l'energia radiante del sole, ti stai offrendo al mondo. In tal modo, cresci davvero in dimensione e radiazione, e accogli, nel batter d'occhio dei raggi pulsanti del sole che danno e ricevono. Guarda con l'occhio della mente e avrai un'idea di cosa sia una carriera.

Un sole non può fingere di essere una luna e viceversa. Prendete coscienza di quello che siete davvero e saprete automaticamente cosa donare e cosa ricevere. Dovete irradiare le vostre qualità naturali; molti di voi non sono a conoscenza delle meraviglie che hanno dentro perché non si sono ancora presi la briga di elencarle. Vi esortiamo a farlo e solo allora le sentirete diffondersi verso l'esterno, partendo dal profondo di voi stessi.

Questa è la tua carriera: splendere sempre in modo creativo. Le tue abilità artistiche stanno brillando anche adesso, proprio mentre ci pensi. Immagina quello che puoi fare se ci rifletti un po' più a lungo. Hai gli elementi necessari per dipingere un magnifico quadro attorno a te nel modo che ritieni migliore. Noi ti diamo tutto il supporto che ti occorre, in ogni modo, perché tu rimanga te stesso, propagando bellezza come il raggio del sole che sei.

Sei tu la risorsa più grande e cerchi di "impiegare" e utilizzare te stesso nel migliore dei modi possibili. Questo è ammirevole, mio caro, e cerchiamo di sostenerti in quest'impresa. Invece di chiamarti per nome nell'assegnazione del tuo impiego, ti accompagneremo come pastori su sentieri che conducono al gregge più grande. Ci raccogliamo attorno a te e ti concediamo le nostre benedizioni che sono gli strumenti adatti a elevare te e i tuoi cari verso ideali più alti.

Vedi, non è il piano materiale quello su cui siamo più efficaci. Tuttavia, il nostro effetto influenza profondamente anche quella sfera, grazie al cambio di consapevolezza sui tuoi doveri celesti. In ogni interazione sociale, rivolgiti al tuo cuore per insegnargli l'amore che è dentro di lui. Questo è il tuo lavoro, caro figlio di Dio: non limitarsi a pronunciare il Suo santo nome, ma realizzare che il Suo amore risiede in noi.

La tenerezza della misericordia che dimostri nei confronti di un fratello ti coprirà di un'importanza che nessuna oscurità potrà penetrare. Infatti, non può esserci buio nella gioia una volta che la sua luce si è risvegliata. Il raggio che con forza si irradia dal tuo al suo cuore è sufficiente a destare tuo fratello dalla sua santità dormiente. Non usare parole ma un sorriso. Non usare l'azione ma un pensiero. Concentra la tua attenzione sulla luce che è in noi e guarda crescere la sua magnificenza sotto i tuoi occhi. Sei il faro sulla collina che illumina tutti i fratelli alla ricerca di questo nutrimento.

Vedi, allora, che la forma dell'impiego è secondaria a questo obiettivo esterno? Proprio in questo momento sei in grado di guarire un fratello da tutto ciò che lo spaventa! Sei perfettamente capace di cancellare tutte le brutte sensazioni che attanagliano il cuore di un altro. Caro amico, usa il tuo potere! E usalo bene!

Non avere paura di riempirti d'amore per qualcun altro. La tua magnificenza è ancora più grande nel momento in cui spalanchi il cuore e abbracci ogni essere con occhi amorevoli come facciamo noi angeli, che vediamo in ognuno di voi nient'altro che gloria. Il nostro e il tuo lavoro sono una cosa sola nella luce e nella grandezza di Dio, davanti e dentro di noi. Carissimo essere, l'immensa montagna che cerchi di scalare, in questo momento è proprio sotto ai tuoi piedi. E mentre sei in piedi tremante per l'energia della determinazione, non perdere di vista che questo momento è il più importante di tutti. Non ce n'è uno più prezioso di questo in cui abbracciare un fratello.

Cibo

Ti sorprenderebbe sapere che si può provvedere alla vita umana con una drastica riduzione del consumo di cibo? Forse non ti stupirai perché sai che i preconcetti avvolgono la realtà. È soltanto la tua convinzione di avere fame a creare forti fitte allo stomaco e quell'apparente bisogno insito nei tuoi sistemi di pensiero.

Non c'è alcuna moralità nel cibo; eppure, vediamo che molti di voi cercano conforto in forchette che mettono bocconcini prelibati in una bocca che invece ha fame di riunirsi con Dio. Questi sono gli individui che cerchiamo di consolare con la nostra presenza curativa, anche se alle volte è così difficile riuscirci! Per questo motivo, vi ricordiamo quella che una volta chiamavate "preghiera di ringraziamento". Ci piace pensare a questa tradizione non come a qualcosa di obsoleto, ma come una nuova tendenza all'orizzonte.

Nel momento in cui chini il capo ricordandoti delle tue origini celesti, consenti a noi angeli di diventare i tuoi commensali. Ci uniamo a te con musica dolce ed eleviamo gli spiriti a tavola. Puoi sfruttare il nostro intervento in queste occasioni; la preghiera di ringraziamento non è che un modo formale per chiamarci al tuo fianco. Usa il metodo che preferisci, mio caro. Ma di una cosa ti raccomandiamo: invitaci ai tuoi pranzi.

In futuro il tuo corpo si abituerà alle vibrazioni energetiche che ti bombarderanno dallo spazio al di fuori dell'atmosfera terrestre. Il cibo è un conduttore di energia, quindi il tuo organismo lo assimila in molti modi. Uno di questi è la trasmissione delle informazioni dal suolo alla tua mente. La terra ti parla attraverso la sua progenie: le piante viventi che mangi.

Pensa in questi termini: il tuo pranzo è un'occasione in cui concetti e messaggi vengono scambiati senza che tu ne sia consapevole. Ciò di cui parliamo si trova su un piano invisibile; eppure, crediamo che sia ora di condividerlo con te. La Madre Terra ti invita a sentire il suo richiamo; tuttavia, il modo in cui ti chiama si attenua man mano che ti riempi di cibo che non proviene dal suo suolo vivo.

Nel tempo che impieghi per commercializzare i suoi frutti in infinite varianti, potresti richiamarla a casa con tenere attenzioni. Una passeggiata senza scarpe nell'erba, una pausa sotto una quercia o una leggera folata di vento sul tuo corpo possono riconnettere le tue vibrazioni energetiche con ciò che la terra ti trasmette di volta in volta.

Anche l'acqua comunica messaggi essenziali. Bevine di più di quanto sei abituato a fare e consumala nel modo più naturale possibile. La fonte delle piante, dei minerali e delle vitamine essenziali deriva dalla natura nella sua forma più genuina. Non esiste alcun cibo che possa offrirti più della stessa Madre Terra.

Conserva il tuo antico patrimonio ritornando ai vegetali e mentre li mangi, ascolta. Ascolta. Ascolta ancora. Percepisci l'amorevole messaggio comunicato dalle piante attraverso le loro radici, il gambo e i semi. Per favore, presta particolare attenzione a ciò che senti nel tuo cuore e nella mente e onora il suo messaggio con amore.

Potresti essere portato a compiere la tua missione attraverso questo modo di mangiare. Sappiamo che ciò può comportare un certo disordine iniziale per coloro che cercano protezione, conforto e sicurezza attraverso mezzi più tradizionali. Eppure, vi diciamo la verità, cari figli di Dio: cercare protezione in luoghi antiquati non è il mezzo per arrivare in fondo!

La tua sicurezza, e quella dei tuoi figli, è garantita dalla scrupolosa attenzione rivolta al regno vegetale. Trascorri più momenti in soave serenità e, se non senti niente, chiedi aiuto a noi angeli! Vogliamo che tu senta il richiamo della terra senza rimproveri o sensi di colpa per ciò che la razza umana sembra aver fatto! No, ciò non ti aiuterebbe affatto. Vorremmo farti vedere ciò che noi angeli sappiamo essere vero: non è troppo tardi per salvare madre natura. Essa cerca la tua fratellanza attraverso la sua immensa bellezza e i suoi paesaggi aridi. Ti dirà di cosa ha bisogno e quali desideri soddisfare. Tuttavia, non si può dire niente a colui che non vuole sapere. È un tuo diritto, una tua scelta.

Ti chiediamo solo di entrare nel tuo cuore e di riconnetterti con amore all'essere divino che ti ama veramente: tua madre e il tuo pianeta. Man mano che segui la sua guida, tutte le strade torneranno a essere per te qualcosa di istintivo. Cercherai cibi che riflettono l'immagine di te stesso in quanto essere naturale. È la tua essenza, la tua vita.

Colpa

Questo argomento è molto importante per noi perché vediamo tante persone che soffrono a causa dei sensi di colpa. Le frecce del senso di colpa che superano il fragile rivestimento della paura potrebbero ferire molti cuori senza ragione. Perché non c'è motivo di soffrire, ma solo di amare. Torniamo un attimo indietro e, mentre ascolti le nostre parole, permettici di aprire e liberare le tue mani che si aggrappano saldamente al senso di colpa come chi desidera garantirsi la sopravvivenza. Stai certo che la tua sopravvivenza dipende da questa liberazione.

La durezza del senso di colpa deriva da un'indagine sul vittimismo condotta nella vostra mente. Percepite un pericolo imminente e pensate: "Deve essere per me!". La paura insita nel senso di colpa nasce da questo sentore e dal riconoscimento che la punizione deve essere vicina. Il bambino sculacciato per un misfatto si sente ferito per la vergogna e immagina di essere davvero molto cattivo, perché questo è ciò che si sente dire dalla persona che più ama al mondo. L'imbarazzo ci accompagna fino all'età adulta, ci costruiamo sopra, lo ricopriamo e poi ci costruiamo sopra un'altra volta. Carissimi amici, questi strati di sporcizia che chiamate "senso di colpa" possono sgretolarsi nel momento in cui riconoscete la loro fragile struttura.

Anche le montagne delle terra tremeranno di fronte alla forza potente dei desideri dell'uomo. La volontà di sbarazzarti del senso di colpa si realizza oggi stesso, nell'istante in cui desideri liberartene. Noi angeli siamo vicini e attendiamo che tu abbandoni quelle forme pensiero che raccontano la tua "cattiveria" e la tua vergogna. Emaniamo invece raggi di verità che affermano che i figli e le figlie di Dio sono innocenti fino al midollo. Non hai fatto niente di male!

Che impatto potresti avere su ciò che Dio ha creato eterno e completo? Il nostro potere non supera quello di Colui che è onnipotente. C'è solo un potere nell'universo e nessuno al suo posto ne ha uno diverso che possa competere con Colui che è onnisciente.

Ostinarsi a credere, nella tua mente, che hai un potere diverso è la radice del tuo senso di colpa. Nell'istante in cui fantastichi di essere distante, allora sì che hai ragione di sentirti solo, vulnerabile e spaventato. Un bambino orfano che si è perso nel bosco piange e immagina di vedere e sentire mostri orribili. Tuttavia, per tutto il tempo, i "mostri" non sono altro che alberi, rocce e innocue cavità. Non ci sono creature terrificanti che vengono a cercarti, mio caro, e non hai fatto niente di male per doverti aspettare una punizione.

Sappilo nel tuo intimo! Lascia andare la corda che tiri facendoti male al cuore e affida le fantasie sul senso di colpa a Colui che sa della tua eterna innocenza. L'unico "crimine" per cui ti serve un periodo di riabilitazione è quello di cui hai parlato con te stesso nel tuo cuore. Insistevi che dovessi essere solo e quindi diviso dal tuo santo Creatore e dai Suoi figli. Questo modo di vedere, di per sé, è la causa di tutte le tue paure, prezioso figlio di Dio. Questo punto di vista, da solo, è responsabile di tutto il "male" apparente che credi di aver provato nel corso della tua vita sulla Madre Terra.

Eppure, nell'attimo esatto in cui sei pronto, possiamo farti smettere di fissare il tuo sguardo sul senso di colpa. Focalizzi lì la tua attenzione come un bambino che gioca con le fiamme di un incendio. Indugi un momento testando i limiti della tua strana dimensione, sapendo che proprio nella stanza accanto ci sono pace e sicurezza.

Unisciti a noi, caro amico, e abbandona i problemi e le preoccupazioni che riguardano questo piccolo mondo. Ti circondiamo con la pace e ti diamo la buona notizia che le soluzioni si trovano nel tuo cuore. Permettici di amplificare le voci della gioia che ti condurranno verso i prati celesti interiori. Il tuo amore splende nel mondo e ora risveglia gli altri al tuo richiamo di pace. Lascialo splendere, mio caro! Lascialo splendere!

Comunicazione

Come mezzo di comunicazione, il linguaggio è un povero sostituto del cuore e degli occhi. Vi esortiamo a risvegliare gli strumenti che avete scoperto nella felice consapevolezza di tutto ciò che vi offrono. Per prima cosa, se stimolate l'energia del vostro cuore, vi connetterete molto più velocemente a chi vi sta intorno.

C'è un'energia inconscia in tutte le persone, a prescindere da ciò che le unisce. Forse eri a conoscenza della cosiddetta "conversazione ombra" che segue quella esteriore. Percepiscila con l'orecchio interiore e ascolterai un altro aspetto della tua relazione con gli altri. La verità autentica si esprime qui, in questo livello, come un bambino che non ha segreti.

Questo è "il nocciolo della questione", ciò che è davvero essenziale in tutte le relazioni con gli altri. Potresti allora voler monitorare non solo quello che si riceve in queste conversazioni silenziose, ma anche ciò che tu invii attraverso il flusso di energia invisibile dentro te. Osserva quali pensieri vengono rapidamente trasportati a qualcun altro e ricevuti come verità coscienti. Se pensi a pugnali e spade, essi vengono percepiti dalle orecchie degli altri come una dolorosa strattonata. Le tue immagini d'amore invece sono avvertite come tali.

Entra in questo flusso di conversazione che già esiste e ascolta di nascosto il tuo Io parlare in modo impercettibile con un altro. Potrai stupirti di ciò che senti, ma stai certo che ti guiderà nella silenziosa verità verso chi è come te. Abbi pietà di te stesso e del tuo interlocutore quando ascolti le urla del cuore emesse a questo livello. La conversazione è lì e, se ne sei consapevole, ascolterai ciò che si sta dicendo proprio ora attorno a te.

Crimine

Abbiamo voluto parlarti del crimine dal punto di vista della sicurezza. Sappiamo che nel vostro mondo molte persone vogliono proteggersi e noi abbiamo qualche risposta. Abbandona il tuo bisogno di sicurezza e rilassati. Proprio adesso il mondo è contemplativo e noi ti portiamo al sicuro attraverso la tua ricettività, non tramite la tua tensione.

La passione è il cuore del crimine; è un'anima che si agita e non percepisce una via di fuga. Ciò crea una tremenda energia visibile a tutti nel Regno degli Angeli. Credici, ti avviseremo se vedremo una tempesta di questa portata venirti incontro. Nonostante tu creda che la tensione sia un impermeabile contro le piogge torrenziali dell'attività negativa, in realtà ti fa bagnare.

Non riusciamo a penetrare la tua corazza con i nostri avvertimenti. Ti rendi conto che in questi tempi mutevoli la tua miglior difesa contro l'attività criminale è non avere alcuna difesa? Sappiamo che nel tuo mondo questo sembra illogico e sicuramente paradossale, a meno che tu non consideri il mondo invisibile attraverso i nostri occhi.

I colori dell'oscura attività criminale sono così vividi che noi ci comportiamo come guardie forestali che individuano gli incendi a distanza. Vediamo delle oasi di salvezza e ti teniamo lì mentre il mondo si sta freneticamente abituando alla sua nuova velocità e al suo nuovo regno spirituale. Divamperanno gli incendi e quando risveglierai la tua vista spirituale, li vedrai con noi.

Non diventare indifferente al crimine ma non impostare neanche tutta la tua vita preparandoti a evitarlo, perché tutto ciò che ti aspetti è destinato ad accadere e noi ti porteremo sempre al sicuro. Ci fai un gran favore, quindi, ogni volta che sgombri la tua mente dalle preoccupazioni e dalle paure relative ai pericoli percepiti in serbo per te. Se non vuoi attirare su di te energia negativa, non gettare la lenza nell'acqua cercando di pescarla. Ributtala piuttosto in acqua se l'hai già pescata!

Ciò che intendiamo, mio caro, è questo: non appigliarti in nessun modo ai pensieri relativi alla tua sicurezza fisica. Badiamo noi a te notte e giorno. Fa parte del nostro lavoro. Tuttavia, ti rovini con le tue stesse mani quando ti attacchi con le unghie e con i denti all'insicurezza del mondo.

Per favore, caro amico, impara che il mondo non fa che riflettere i tuoi desideri! Desidereresti il pericolo? No, certamente no. Allora ti imploriamo di liberare la tua mente dai pensieri che riguardano la sicurezza perché non conosci il potere della tua mente a riguardo. Sei come un bimbo che gioca con una polveriera, ignori il pericolo che corri ogni volta che ti poni la domanda: "Sono al sicuro?". Quando ti poni questi interrogativi vediamo del fumo nero fuoriuscire dalla tua mente: è il segnale che fa vedere quali sono le cose che temi davvero.

Non intendiamo spaventarti ancora di più, mio caro, ma riteniamo che tu debba sapere quanto potere ti ha conferito la mente per focalizzare un attimo l'attenzione sulle questioni che esamini. Per questo, dunque, puoi essere riconoscente. Dio non ti farebbe un regalo che rischia di incepparsi. In realtà, anche se con i tuoi pensieri corri un gran pericolo, nel quadro generale è solo una birichinata da bambini.

Vedi, spirito gentile, nella tua più vera natura non sei con un piede nella fossa o in pericolo di vita. Quella parte che si stacca dal corpo è la vera essenza di ciò che sei e anche ora essa ride dell'insensata domanda sulla sua sicurezza. Non c'è alcun pericolo che possa costituire minaccia per questo gigante gentile racchiuso in ognuno di voi.

Stai dormendo e riposando comodamente nel cuore di Dio. Egli si accerterà che niente possa farti del male, né ora né mai. Riposa bene, dolce figliolo, dal momento che ti cantiamo soavi ninnananne che liberano la tua mente dalle preoccupazioni, dalle paure e da tutte le riflessioni che non sono del cielo o della tua vera casa.

Delusione

Ti sembra difficile, a volte, onorare te stesso quando gli altri proteggono i loro cuori e ti deludono? Credici, capiamo il tuo dolore per questo comportamento, dal momento che abbiamo visto compiere scelte che noi non avremmo fatto per te, se ce l'avessi chiesto. Tuttavia riusciamo ancora a scorgere la bontà radiosa dentro ognuno di voi.

Sappiamo che stai per fare la più grande scoperta su te stesso! Ti tiriamo su nei momenti di dolore, anche quando la fine sembra non venire mai. Sei più vicino di quanto pensi a un tempo di scoperte epocali, mio caro, e ti chiediamo di aggrapparti alla speranza con noi. La fede ti porterà più lontano di quanto un qualsiasi essere umano possa chiederti di andare.

Non sembra così semplice, vero? Forse hai raggiunto un livello che speravi ti ricompensasse, ma l'offerta non è arrivata. Ti senti calpestato come se gli altri avessero camminato sulla tua schiena, incuranti del dolore che ti procuravano. Puoi sentirti incapace e indegno dell'onore che ti spetta. Eppure, c'è una semplice verità che risolve questo problema.

Dirtelo è rischioso, ma crediamo che sia tuo interesse ascoltarlo: domani non giungerà nulla che non sia già oggi nel tuo cuore, perciò quando cerchi la bontà nell'agenda di domani, rimani sempre deluso. Il flusso che tu insegui è già tutto qui!

Non pensare che il domani possa accrescere la tua completezza perché sarebbe un'impresa impossibile. Non c'è niente da aggiungere a uno che, come te, non sente alcuna necessità. Cosa potrebbe sommarsi domani che non hai già oggi?

Forse pensi di aver bisogno di qualcosa che al momento non hai. Cosa potrebbe essere? Qual è quell'elemento che Dio non ti ha dato o che non potrebbe donarti in questo preciso istante? Non pensare che qualcun altro debba aggiungere qualcosa a te o arricchirti, circondandoti di ciò che ti manca. Ti sei già guadagnato la venuta la mondo e il tuo Creatore ti ha promesso tutto il resto.

Per alcuni, il pensare al passato produce un senso di colpa e inadeguatezza. Eppure, anche queste convinzioni non sono sufficienti a respingere le ricchezze di Dio! Nessun mortale sulla terra potrebbe impedire alle risorse del Creatore celeste di giungere in flussi costanti ora e per sempre. Gioisci e danza su queste benedizioni che sono con te mentre parliamo. La tua felicità invia messaggi pieni di luce a Colui che è in cielo. La tua gioia è anche la Sua.

Sì, è sicuro abbandonare le prescrizioni di ciò che pensi ti sia dovuto. Gli appunti che prendi come compiti per gli altri portano sempre al dis-appunto. Dio li manda da te con la stessa sicurezza con cui manda te dagli altri. Concedi loro lo spazio vitale per essere come vogliono e niente di ciò che fanno potrà essere per te motivo di dis-appunto. E come le tue esigenze saranno soddisfatte, così gli altri trabboccheranno dei tesori del cielo e potranno offrirteli. Vedi dov'è la vostra condivisione? Dentro di voi!

Denaro

Ti sorprenderebbe sapere che non abbiamo alcuna opinione sul denaro? Come tutte le cose materiali, non è utile se ostacola il tuo cammino verso la santità. Vediamo il denaro per ciò che è: uno strumento di distruzione quando usato impropriamente e un trampolino verso la grandezza se gestito correttamente.

Potresti chiederti come fare a capire la differenza. Eppure, mentre pronunci queste parole, la risposta ti giunge subito dalla stessa Fonte che ti guida in tutte le direzioni. Essa è la vera conoscenza che ti fornisce le risposte, giorno dopo giorno.

Cercale qui, invece di inseguire il denaro e nota l'influenza di questa prospettiva interiore su tutta la tua vita. L'opinione secondo cui il denaro è essenziale deriva dall'idea che per farsi strada sia necessario digrignare i denti, ringhiare e azzannare. Questo è semplicemente un punto di vista, caro amico! Per cercarne un altro, ti chiediamo solo di voltarti per vedere uno spettacolo diverso in cui l'aspetto materiale non sia l'unico partecipante.

Ti sei accorto delle scelte che hai davanti e delle tante possibilità che la vita terrena ti può offrire? Quale di queste opzioni ti rende più felice? Ripagherai te stesso con il più prezioso dei premi?

Non hai cercato il denaro in tutti questi anni, bensì la gratificazione che esso comporta. Riusciresti ad arrivare dritto a questa ricompensa, così piena di ricchezze che non ti saranno mai negate? Cosa potrebbe renderti felice, se non te stesso? Non il denaro. Non la gente. Non il tempo. Soltanto dalla tua decisione, presa liberamente, deriva questa ricchissima ricompensa. Carissimo, non respingerla per la sua ovvia semplicità. La risposta che risiede nella tua vera essenza ti aspetta pazientemente proprio in questo momento. La risposta è semplice, è gioia.

Depressione

Ti siamo vicini quando sei oppresso. Intravediamo la tua tristezza non per capirla, ma per bearci del tuo splendore che sembra essere più luminoso quando volgi all'interno il tuo desiderio d'amore. Nella tristezza guardi dentro di te e finisci nella rivelazione dalla quale è nata la felicità.

La saggezza nel modo in cui usi quest'energia per nutrire te stesso è frutto della dolcezza. Quando ti guarderai dentro per leccare le ferite, culleremo gentilmente la tua anima con le nostre ali e ti sosterremo anche quando non sentirai la nostra presenza attorno a te. Ci chiudi fuori, ma hai la consapevolezza che la tua richiesta d'aiuto è stata accolta.

Anche se desideri provare di nuovo il bruciore del sale sulle tue ferite, ti doniamo fiori di felicità che ti strappano dal dolore portandoti verso il cielo che è in te. Quando le tue emozioni hanno fasi alterne, sappi che questa è la gloria che ti viene rivelata attraverso le nuvole che percepisci dentro di te. A volte desideri essere coperto di tristezza per poter trascorrere qualche istante al sicuro dall'oscurità. Utilizzi la tua infelicità come un mezzo per fuggire dal mondo che hai scelto di considerare crudele e severo.

Lodiamo la grazia con cui ti guardi dentro, dolce figlio del cielo. Ancora, rivolgi il tuo sguardo dentro di te ogni volta che ne senti la necessità! Non c'è momento migliore di questo per ritornare alla pausa ristoratrice di un momento fa. Che tu sia triste o allegro, rigenerati spesso bevendo dalla tua fonte interiore.

Sei l'artefice del tuo tempo; ti educheremo con piacere, qualsiasi sia il tuo punto di vista. Tuttavia, ti confidiamo che scegliere la tristezza è facile come scegliere la luce. Non sottovalutiamo i tuoi dolori. Cerchiamo solo per te un percorso di gioia mentre il tuo faro luminoso invita gli altri a uscire in fretta dalla tempesta per ripararsi nei loro santuari interiori.

Usa il tuo segnale per irradiare calore nelle vite altrui e sentirai che anche il tuo freddo scomparirà alla svelta. Per gli altri sei un riparo dalle tempeste e i tuoi più grandi momenti di gloria sono usati come un faro per le anime. Il tuo nome è scritto in cielo come un fulgido esempio per chi sta soffrendo dolori simili. Usa l'impeto della tempesta per raccogliere forza. Senti la forza della tormenta che ti spinge avanti nella vita, dandoti coraggio e facendoti crescere.

La tregua dalla depressione è usata nel migliore dei modi quando ti fa capire che non sei più il carceriere di te stesso. Vediamo che ti liberi dall'oscurità che ti circonda, e felice ti lasci alle spalle i muri della prigione. Il fragore della tempesta non può spaventarti, se lo poni in questo contesto.

Il tuo respiro è la forza vitale che ti spinge a trovare una brezza più gentile. L'ambiente che ti circonda non è che uno specchio delle tue scelte, caro figlio di Dio, e i tuoi giorni migliori devono ancora venire. Non possiamo sistemare le tue questioni se ci tieni a distanza. Anche se temi il dolore dell'oscurità, usa il battito delle nostre ali per aprire quelle del tuo cuore e sentire la luce che lo inonda.

La scelta che farai è l'essenza della direzione che la tua vita sta prendendo. Non pensare di essere una vittima perché sei stato il carceriere della tua stessa anima e il salvatore che libera ogni essere con cui viene in contatto. Scegli la libertà per tutti e scegli la libertà per te stesso.

In questo giorno luminoso, la tua gloria può essere vista a miglia e miglia di distanza. Sei un fulgido esempio per gli altri e lascia che essi vedano il bagliore della libertà su di te. Sei la redenzione che tutti ora cercano! Non caricarti di pesi pensando che così giungerai alla gloria. Non fanno altro che rallentarti, quindi non punirti più.

La tristezza che chiami depressione non è altro che un modo distorto di guardare il mondo. L'onore che cerchi è con te in questo momento, non hai bisogno di costringerlo o forzarlo. Tuttavia, non inseguire la gloria per te stesso, ma cercala per Dio e vedrai scritto per sempre nel cielo il tuo nome nel Suo.

Non cercare onore nella depressione: è un cunicolo sotterraneo. Sali, invece, sulla montagna della rivelazione e abbi fede del Suo nome dentro di te. Non permettere che nessuno ti veda altrove se non in questo suolo sacro e fatti onore guidando gli uomini con il tuo segnale. In questo non c'è prigionia.

Desiderio

"Non desidererò niente" è il voto solenne che hai fatto tuffandoti nell'umanità. Tuttavia, la sconvolgente scoperta di esserti svegliato in un corpo umano ti ha scosso nel profondo, rivelandoti che eri responsabile del tuo sostentamento. Questo ti ha portato indietro, a tanto tempo fa, quando la tua essenza ti ricordava momenti di disperazione. Hai imballato questo tempo passato e lo hai portato nel presente sovrapponendo i ricordi uno sull'altro.

Il passato sta macchiando il presente con desideri propri del corpo terreno. Caro amico, non pensare che noi gettiamo ombre sul tuo giardino terreno. Tuttavia, è giunto il momento di ripensare ai tuoi desideri alla luce di quello che davvero vuoi mentre sei sulla terra. Ti preghiamo di riconsiderare alcuni presupposti circa le tue necessità. Credi davvero che il figlio di Dio potrebbe accumulare una fortuna e portarla a casa del Padre, come un bambino che cerca l'approvazione di un genitore?

Che cosa desideri veramente, carissimo? Rifletti bene e a lungo su questa domanda, così ti guarderai dentro e troverai presto la ricchezza che è in te perché tu sei una fortuna, un tesoro, uno scrigno scintillante che può moltiplicarsi tutte le volte che si sente in grado di farlo. Usa la tua buona sorte per aiutare la moltitudine di gente che ti troverà nell'istante in cui prenderai questa decisione per te stesso: "Sono pronto a soddisfare i bisogni della terra con le mie ricchezze. Attingo alle mie risorse interiori e le dono liberamente perché ne sono rifornito a mia volta."

Caro figlio celeste sulla terra, la gioia che questa decisione comporta è incommensurabile se comparata a qualsiasi desiderio terreno. Dona liberamente il tuo tesoro interiore e gioisci del ruolo che hai davanti! Vedi gli occhi rivolti al cielo mentre ridi e sorridi con le persone che incontri. Non temere di esaurire la tua scorta perché il nostro Creatore celeste dona liberamente i Suoi beni come fai tu.

Sei la ricchezza che il mondo sta cercando e quando aprirai agli altri la tua cassaforte, ti accorgerai subito del valore che hai. Il tuo strumento di pace si moltiplica man mano che lo condividi e il tuo magazzino straripa di frutti maturi per tutti quelli che cercano conforto. Non trattenerti con nessuno ma dona liberamente il tuo amore affinché sia condiviso. Fai scorrere la luce dentro e fuori mentre attraversa la tua vita in un flusso costante.

Ti invitiamo a condividere questo segreto: c'è un solo desiderio che possiedi ed è stato già soddisfatto. Cerca il più prezioso dei tesori nel suo ambiente glorioso e troverai anche te stesso. Sei la ricchezza celeste che Dio ha promesso a tutti noi e, se ci consenti di consegnartela, non cercheremo fortune più grandi di quante ne abbia Dio. Il cielo è qui e diffondiamo tra di voi i suoi semi di gioia. Gioisci della sua maestà, mio caro, e brinda alla sua gioia.

Vivi nella felice consapevolezza che è così e sentirai sulla tua fronte il segno delle tue passioni soddisfatte. Grazie a questo semplice appagamento, ti accorgerai di ciò che sanno tutti i tuoi fratelli: tu e noi siamo una cosa sola. Un glorioso figlio di Dio che risplende con milioni di riflessi scintillanti, come le sfaccettature di un gioiello che rifrange la luce in mille direzioni da un'unica Fonte. Questo gioiello sei tu!

Dipendenza

Cos'è davvero una sostanza? In un angolo remoto della tua mente sai di essere stato nel cuore di Dio. Ricordi la sensazione di totale appagamento simile a quella che provavi nel sacco amniotico, quando eri nel grembo di tua madre: sentirsi completi respirando col suo respiro. Quella sensazione di sincronia con qualcun altro è l'essenza dell'amore che manca al tuo cuore e alla tua anima.

La sostanza è una massa di energia inerte cristallizzata in una forma. Per alcuni versi, è inespressiva o senza vita, ma per altri è composta da residui di amore di Dio, dal momento che la forma pensiero non è che una scintilla di ispirazione divina che conduce alla creazione. Se ti rivolgi a una sostanza per alleviare il tuo senso di solitudine lontano da Dio, scegli un surrogato di qualità inferiore che, tuttavia, ha la stessa origine del ricordo primario di calore e vicinanza.

Pensala in questi termini: abbracci la sostanza col desiderio di porre fine all'incubo del film esteriore. Vuoi un cambiamento interiore che ti porterà più vicino al cielo che desideri ardentemente per te e la tua famiglia. Eppure, stai scegliendo una fonte esterna per creare uno stato interno. Le due cose non potranno mai essere riconciliate, quindi devi far fronte a una situazione impossibile. Sei intrappolato in un limbo di frustrazione eterna perché, nonostante i numerosi tentativi, non riesci a infilare un piolo cilindrico in un buco quadrato.

La dipendenza da una sostanza si estingue nella stessa fiamma eterna del desiderio che le ha dato vita. Usa l'energia della tua voglia d'amore per placarne la continua e infinita ricerca. Ecco come fare: chiedi di costruire una stazione interiore per l'amore e la luce. Quando entri nei tuoi sogni, prega che questa fiamma ti illumini mentre il subconscio prende il sopravvento durante la notte. Chiedi che bruci il ciarpame a cui rivolgi la tua attenzione: in altre parole, tutto ciò che nel mondo non è necessario.

Il tempo che trascorri sognando è il momento migliore per invitarci a entrare in azione, e noi faremo del nostro meglio per riorganizzare i tuoi pensieri in modo da ricostruire l'ordine sequenziale della piramide dei tuoi interessi. Per la maggior parte di voi, Dio è solo un piccolo puntino tra le cose che suscitano la vostra attenzione: qualcosa che avete etichettato come una priorità futura. Ti chiediamo di ricostruire questa piramide con il nostro aiuto così che Dio comprenda il gradino più basso e quello più alto della tua scala, la base della tua struttura e della tua piramide. Ti aiuteremo se lo vorrai, ma dovrai esserne convinto.

Affida a noi tutti i tuoi pensieri relativi alla dipendenza. Non importa se coinvolge qualcun altro oppure no. Vogliamo che tu rivolga a noi tutta la tua attenzione mentre riorganizziamo la struttura dei tuoi pensieri intorno a Dio e allontaniamo quelli relativi al surrogato che crea dipendenza. Se ce lo consentirai, lo faremo. Non devi tenere nulla per te perché l'intera struttura mentale deve essere ricostruita per rinascere nella sua interezza. Se nascondi qualche pensiero perché, per esempio, te ne vergogni, non possiamo ricostruire il cuore della tua struttura.

Affida tutto a noi angeli, che ti siamo vicini anche in questo momento, e costruiremo dentro di te un impero degno di Dio e dei suoi angeli. Sarai contento di svegliarti all'alba con la luce del sole che illumina la tua nuova e splendida struttura, costruita così solidamente che saranno benvenuti gli spazi vuoti tra i pilastri. Non vorrai più riempirli con alcuna sostanza perché si colmeranno di luce dorata come il sole del mattino nei giorni più promettenti.

Direzione

A volte ti senti perso, dolce figliolo? Fai fatica a trovare la tua strada? Sappi che noi siamo pronti a indicarti la direzione verso casa ogni volta che ci chiami. La tua guida, che pone un piede davanti all'altro con sicurezza, ti sarà d'aiuto in tutti i tuoi giorni. Non capita mai che si perda, eppure, ci sono momenti in cui ti rifiuti di conoscere il suo percorso.

Sei incerto e ti sposti dai saldi cancelli della direzione di Dio per tornare indietro sui tuoi passi. Quando pensi di avanzare, ti scoraggi nel vedere il segno su un percorso che ti è familiare e che ti indica che sei tornato indietro e hai perso la strada. Questo è il momento di sedersi e di smettere di lottare con te stesso perché chi lo fa si allontana ancora di più dal sentiero. Al contrario, chi si siede, respira e si guarda un po' attorno, ritrova presto l'autocontrollo. Così facendo risolvi il dilemma dell'essere lontano dal percorso, in tempo perché il tramonto ti conduca verso casa.

Caro amico, non sei mai perso, nonostante i segnali sembrino indicare direzioni diverse e confonderti ancora di più. Ti sposti cosciente da un livello all'altro e la consapevolezza di questa perdita di obiettivo ti preoccupa. Mio caro, non farti ancora più male riflettendo sul fatto che "ti sei smarrito” ai margini del bosco. Ti porteremo indietro in perfetto orario.

Ci sono altri individui tra voi persi per strada e a volte vi incontrate lungo percorsi che non portano da nessuna parte. Mentre vaghi nel dolore riflettendo su dove stai andando, pensi mai che una voce interiore sia capace di condurti a casa? Ti mostriamo la bussola che hai a portata di mano e ti offriamo la possibilità di verificare se funziona. Quando ti lasci guidare fuori dall'oscurità, ti affidi alla facilità con cui questo strumento ti indica la direzione, senza fare passi falsi. La bussola è sempre in ordine perfetto, caro amico! Usala spesso e ti guiderà sempre, puoi starne certo.

Forse non la controlli frequentemente e la adoperi solo quando sei molto distante dal sentiero. Anche questo è saggio perché ti dimostra quanto sia affidabile. Ti stiamo esortando a usarla frequentemente perché in essa c'è la saggezza che il Creatore ha preparato come equipaggiamento per te.

Chi tra voi si interroga sulle capacità della bussola e desidera scoprire i suoi molteplici ambiti di utilizzo, ascolti bene: saremo felici di illustrarne le caratteristiche, se ce lo chiederete. Sedetevi tranquilli a riflettere e immaginateci venire accanto a voi. Quando entriamo nel vostro cuore con il linguaggio dei sentimenti, usate l'orecchio interiore per decifrare le risposte alle vostre domande.

Saprai che siamo vicini perché la nostra presenza invia dei segnali alla tua mente. Puoi scegliere di non considerarli come immaginazione. Tuttavia, ci avvicineremo di più a chi ci chiama e crediamo che il nostro calore non possa essere confuso con quello di un'altra presenza. Chiedici di mostrarti la bussola che noi chiamiamo "casa" e ti insegneremo con piacere come utilizzarla. È un onore per noi condividere la gioia che deriva dall'essere testimoni assoluti dell'amore che è dentro tutti noi.

Discussioni

Sei ferito e sfinito dalla pesantezza delle parole scambiate tra te e qualcun altro, caro figlio di Dio? Riposati in un angolo per un momento, come un pugile professionista, mentre noi ti asciughiamo la fronte e attizziamo le fiamme dell'amore affinché lasci alle spalle tutta la rabbia. Sei magnifico, mio caro, sei un concentrato di bellezza ogni giorno della tua vita.

La tua discussione è un duello tra percezioni contrastanti, le cui spade sono fatte di punti di vista diversi che combattono per stabilire chi ha ragione e chi ha torto. Potreste usare armi diverse, ma è impossibile che vi facciate del male, come i bambini piccoli quando combattono con fionde e frecce finte. Infatti, l'unica ombra di dolore nasce quando decidi di ingaggiare una battaglia d'ingegno con qualcun altro. Ciò deriva dalla competizione che porterà a conquistare la cima della montagna. Tuttavia, questo premio non è altro che una prigione di solitudine e isolamento e quel che rimane è solo una dolorosa e sprezzante incomprensione.

Santo figlio di Dio, guarda te stesso e gli altri attraverso gli occhi della misericordia che piangono quando i vostri ego combattono! Vedi come l'intensità delle parole non sia paragonabile al furore con cui il tuo cuore chiede amore e sicurezza. Se riuscissi ad afferrare solo una goccia dell'amore che ti portiamo da parte di Dio, il tuo cuore ne sarebbe pieno fino a traboccare. Prenderesti con naturalezza questo eccesso d'amore e lo lasceresti gocciolare e straripare dal profondo del tuo essere in modo da toccare tutti quelli che pensano a te. In questo stato d'animo, la tua sola presenza vicino a un'altra persona basterebbe per guarire tutti i suoi mali.

Pensaci, caro figliolo: c'è un'altra soluzione, un altro modo per risolvere questa situazione; non è necessario che tu infligga a te stesso ulteriore dolore. Non è forse questa la soluzione che stavi cercando? Dio non ti lascerebbe senza darti la possibilità di liberarti da quell'angolo in cui ti sei rannicchiato in contemplazione di quello che hai fatto a te stesso.

Non devi umiliarti o provare compassione per te o qualcun altro perché nessun figlio di Dio va compatito. Devi semplicemente lottare per quello che ora ritieni giusto. Sentendo questa sorgente di forza dentro te, puoi condurre a casa la persona con cui hai litigato. Lascia che i ricordi fugaci dei tuoi ego in lotta siano semplici ricordi del campo di battaglia, che luccicano appena nella gioia di riacquistare la giovane consapevolezza della tua vera natura divina.

Sulla verità non c'è niente di cui discutere. La verità è la verità, indipendentemente dal fatto che qualcuno se ne renda conto oppure no. Tu e il tuo amico potete dibattere da qui all'eternità, ma non scoprirete mai la verità finché non deporrete le armi e comprenderete quanto meraviglioso sia ciò che vi circonda. Basta solo che uno di voi punti il dito verso il tramonto e dica quanto è splendido, o che parli di quanto siano incantevoli la foschia della nebbia o la rugiada. In questo modo le vostre percezioni saranno unite nell'accordo.

Mio caro, non pensare che per vincere la battaglia tu debba perdere te stesso. Avete già vinto entrambi perché non c'è modo di perdere quello che vi spetta di diritto. Gioisci del tuo diritto di nascita in quanto santo figlio di Dio e ridi felice con tutti quelli che incontrerai sul tuo cammino mentre crei un luogo piacevole in cui regnano amore e verità senza restrizioni di tempo o spazio.

Divertimento

Giochi e divertimenti fan gli angeli contenti! Ecco perché diciamo così spesso a voi che vivete sulla terra per divertirvi! Pensate che sia il vostro subconscio a non darvi pace, dicendovi di rilassarvi, di prendervi una pausa e di riposarvi. Ma, caro amico, chi pensi che stia parlando al tuo subconscio? Siamo noi che ridiamo ogni volta che vi vediamo prendere tutto troppo seriamente.

Potreste restare sorpresi sentendoci dire queste cose visto che di solito vi imploriamo e vi supplichiamo di occuparvi delle cose importanti. Vi rendete conto, figli terreni del Santissimo, che il tempo è alla base di tutto? Non c'è spazio per sprecare voi stessi in circoli viziosi, che vi spingono al successo, al successo e ancora al successo perché alla fine della vostra vita, annovererete quei giorni tra le più grandi delusioni personali. È stato proprio quando avete tenuto gli occhi fissi sul pallone, per così dire, che avete perso di vista le sfide e le ricompense più importanti della vita.

Non intendiamo affatto spaventarvi, dolcissimi figli di Dio; quando parliamo, sentite le nostre parole nei vostri cuori. Non c'è tempo da perdere. Ascoltate i nostri salmi che vi invitano a sorridere, a prendervi del tempo per fare un passo indietro e avere un punto di vista diverso sulle vostre vite. Durante il soggiorno sulla terra siete in mezzo a qualcosa di grande. Quando si guardano gli alberi si perde di vista la foresta!

Assapora il tuo tempo sulla terra e ascolta te stesso molto attentamente. Shh... riesci a sentirlo? Quel suono che senti nel tuo cuore ti è molto caro perché sei tu, è il tuo Io interiore che parla attraverso i tuoi sentimenti più intimi, quelli che spesso ignori e respingi, incurante della loro origine e del messaggio che portano. Questi sentimenti giungono su ali d'angelo e illuminano il sentiero davanti a te. Non prenderli alla leggera e non calpestarli con la tua voglia di avanzare e di salire sempre più in alto nel tuo mondo immaginario.

Sempre lentamente, prenditi del tempo per inspirare e ascoltare il tuo cuore. Non il suo battito, ma la melodia dei tuoi desideri e dei tuoi piaceri. Che sogni hai per il futuro, mio caro? Torna indietro col pensiero e rivedi tutto quello che ha attirato la tua attenzione e ciò che hai messo da parte per gli anni a venire. Non sono forse le vecchie emozioni che ti spingono ad avanzare su un percorso che ti affascina a tal punto che a malapena gli permetti di essere oggetto della tua attenzione? Non potresti, invece, ascoltarle con l'entusiasmo di un bambino?

Puoi stare certo che questa voce non ti farà sbagliare strada, umile figliolo. La sua antica saggezza ti conduce su un sentiero che hai dimenticato da tempo. Canta ora la sua melodia! Sussurra il motivo che porti nel tuo cuore. Sentirai nascere un'emozione come non ti era mai successo nel tuo tempo trascorso in questo angolo di cielo.

Ascolta le emozioni interiori e dai voce ai desideri della tua anima che implora solitudine e tranquillità. Dalle il nutrimento di cui ha bisogno, dolce figliolo. Non avere paura di mettere a repentaglio i tuoi averi e le tue responsabilità reclamando un po' di riposo e rilassandoti un po'. Non ti guadagni forse da vivere grazie alla tua vera e santa eredità? Chi tra voi è più grande o più piccolo di un altro uomo? Chi potrebbe contenere lo spirito di un essere umano nella sua carne terrena?

Allora siediti e riposati, figlio terreno. Ascolta le melodie del tuo cuore man mano che nascono. Segui la sua storia antica e sonda un po' il terreno. Torna a casa, dolce figlio celeste. Torna a casa grazie alle corde del cuore che ti tirano sempre più vicino.

La natura allegra della tua anima si agita nervosamente e noi stimoliamo la sua crescente consapevolezza che le fa esplorare questo parco giochi che noi chiamiamo "Terra". L'anima protende le sue braccia con piacere verso la sua liberazione, immergendosi nella luce del gioco e del divertimento!

Dolore

Un cuore distrutto dal dolore per la perdita di un caro è un sopravvissuto: ecco perché siamo esperti nel dare assistenza e consolare. L'oscurità che assale un'anima triste viene illuminata nel momento in cui facciamo leva con forza sulla consapevolezza della vita eterna.

Tuttavia, anche il dolore ha il suo posto nell'universo ed è degno di onore come parte della tua scala emozionale. Il lutto esiste tra tutte le creature per il ciclo della vita, il flusso e il riflusso degli eventi. Lo sconforto per ciò che avrebbe potuto accadere. Una tristezza e un'ansia prigioniere dentro al cuore e il desiderio di ritornare a casa.

Ci capita di sentire di qualche familiare del defunto che cerca di tornare alla santa casa per essere di nuovo tra i suoi cari. Ti assicuriamo che questo non fa parte del progetto di Dio, che invece prevede un lungo soggiorno sulla terra. Ci sarà un momento in cui la casa ti reclamerà, ma i tuoi cari sono destinati ad arrivare in un momento diverso dal tuo. Mentre camminate gli uni accanto agli altri sul percorso terreno, anche i vostri passi vanno e vengono a ritmi diversi. Chi ami sulla terra può arrivare alla sua meta in un momento diverso dal tuo. Sai che il tuo viaggio sulla terra dura un po' di più?

Ti riunirai ai tuoi cari in molti modi, carissima creatura. Questo te lo garantiamo col cuore. Il tuo amore è eterno e cresce mentre parliamo. L'amore tra due esseri santi ha una vita indipendente. Non esiste un amore sprecato e anche se lo chiami "tuo" è condiviso in tutto e per tutto con l'universo. Di questo puoi essere grato perché la creazione dell'amore dualistico è volta al plurale, conquistata e riportata alla forma originaria. Il nocciolo tenero dell'amore al centro del sentimento umano viene estratto e utilizzato come risorsa naturale per il bene del mondo.

Non pensare, dunque, che l'amore non sia servito a niente quando abbracci teneramente il tuo cuore infranto! C'è un significato sacro dietro al sentimento che vi ha unito e Dio ti ringrazia per il radioso contributo che hai portato al Suo regno celeste. Mentre il tuo amore continua a creare, Egli illumina la tua vita con i raggi amorevoli della Sua pietà. Non pensare che il dolore che sopporti sia una "prova" di qualche tipo, carissimo figlio di Dio, ma guardalo come un momento in cui prendi la decisione di continuare ad amare questa incarnazione e la prossima.

Non significa che il dolore sia il "prezzo" dell'amore, ma è un momento di profonda riflessione sul suo significato. Per alcuni, ciò provoca un leggero allontanamento dal centro di questo sentimento, che, come una polveriera pronta a esplodere da un momento all'altro, è la fonte del dolore dentro di te.

Rallegrati, invece, dei momenti di felicità che caratterizzano la tua santa relazione con un'altra persona. I vivi e i morti possono gioire insieme riconcentrandosi sull'amore. Sì, è vero, onora le tue emozioni e affida oggi stesso a noi i tuoi pesi. Poi, quando ti sei affidato a questa verità, prenditi il tempo per godere della grande gioia che ti ha dato la tua storia d'amore sapendo che non finirà mai!

Ego

Cos'è questa cosa che chiamiamo "ego"? Non è affatto una cosa! La sua essenza si sta rivelando a molti di voi come la più grande illusione di tutti i tempi. Eppure, il suo potere è pronto a bloccarti con il paradosso che, nonostante non sia un'entità, funge da guardiano della finzione di molte esperienze che credi di fare.

Lasciaci spiegare meglio che cosa è questa cosa/non cosa. Tanto per cominciare, hai scelto di servire un semidio che tu stesso hai creato. Questa decisione è nata dalla mente di un ego che, alle tue spalle, svolge il ruolo di sussurrarti un miscuglio di cose che ti spingono a intraprendere questa "grande avventura" al servizio di te stesso.

La convinzione che tu possa tenere prigioniero te stesso senza avere nessun altro scopo se non quello di essere schiavo in questo regno creato da te, ha risvegliato l'ego rinchiuso. Eppure, le sue azioni costituiscono barriere attraverso cui la fede di Dio, che è incommensurabile nella sua funzione, riesce ugualmente a insinuarsi in ogni istanza della tua mente! Non ci sono muri che tengano Dio lontano da te, eppure puoi diventare consapevolmente la barriera di te stesso, per proteggerti dalla Sua grandezza.

Dio è il tuo più grande alleato, tuttavia l'ego cerca di farti suo padrone circondandoti di bugie riguardo alle sue funzioni che in realtà hanno solo lo scopo di distruggere, anzi non ne hanno alcuno. Ciò che è distruttivo è una non-cosa e, quindi, non deve essere temuta. Getteresti via l'intero cielo per svolgere il ruolo di schiavo del tuo stesso ego? Non pensare che la vita normale sia immortalata nel film che l'ego stesso ha creato. Ciò che cerchi, che noi chiamiamo pace e felicità, è dentro al regno del presente.

La dolcezza e la misericordia che Dio fa piovere su di te ti immergono nella Sua gloria guaritrice in cui condividi la Sua mente come se fosse la tua. Risvegliati felice, prezioso figliolo, perché ciò che hai fatto per servirti non è che un'illusione in grande stile. Come le bamboline di carta di un bambino, puoi piegarle e riporre il tutto nella cesta dei giocattoli in cambio del vero sostentamento del regno dei cieli di Dio così come è presente qui e ora sulla terra gentile.

Non c'è niente da temere, eppure l'ego vorrebbe farti credere il contrario. Non cercare la sua altezza o le sue maestose elevazioni perché nulla è superiore a te in questo regno. Dio divide equamente tra voi tutte le sue ricchezze. Il distacco che cerchi dai tuoi fratelli non è altro che lo scopo dell'ego mascherato. Colui che è tuo fratello è autorizzato a conferire questi doni alla tua testa consacrata e tu sei inondato dalla luce del sole e dalla gioiosa rivelazione che il regno è qui, è qui.

Non più attese, non più anticipazioni. Esse sono schiave dell'ego, cari figli di Dio. Il tempo delle buone notizie è questo, non un futuro lontano. Respiralo e bevilo allegramente perché Dio desidera che i Suoi santi figli danzino felici tra di loro, cantando tribolazioni gioiose e volteggiando al Suo canto. Sii grato per questo, carissimo figliolo, e smetti di cercare ciò che è qui tra voi ora. È qui, è ora ed è molto, molto buono.

Esaurimento

Cosa potrebbe esserci di più spaventoso che non amare il proprio lavoro e non vedere alcuna via d'uscita da questa trappola mentale? Siete talmente tanti a vivere questa situazione che abbiamo creato un intero capitolo su questo argomento. Dalla nostra posizione, vediamo l'esaurimento come una supplica d'aiuto e di attenzione da parte del tuo corpo emozionale. Come il tuo corpo fisico ti avvisa che qualcosa non va attraverso il dolore, così anche quello emozionale lancia chiari segnali.

Cosa credi che stia cercando di comunicarti con questa sensazione che tu chiami "esaurimento"? È necessario apportare qualche cambiamento sul piano lavorativo, ne sei consapevole. Sai che puoi apportare queste modifiche senza perdere la tua sicurezza? È così! Non devi esitare a prestare ascolto al corpo emozionale e credere che la tua situazione sia futile. Siamo qui per proteggerti in ogni modo, e ci adoperiamo per rendere la tua carriera affine alle aspettative che hai nei tuoi confronti.

Mettiamola così: quando soffri in silenzio per il tuo lavoro, stai bloccando il flusso della luce nel mondo. Sei un grande guaritore in qualsiasi ambito. Quando cerchi di soffocare il pianto del tuo corpo emozionale, questi si sente escluso come un bimbo abbandonato e non amato. Per questo si arrabbia e, alla fine, si arrende. Questa resa è la triste sensazione che accompagna l'esaurimento ed è davvero tragica.

È inutile cercare di combatterla. Il tuo corpo emozionale sfinito si è addormentato proprio come un braccio intorpidito su cui hai dormito troppo a lungo. Puoi risvegliare questa parte di te girandoti dall'altra parte e massaggiando la zona dolente. Il tuo corpo emozionale torna in vita quando smetti di appoggiarti, quando ti giri e gli presti un po' di attenzione.

Caro amico, vorremmo che trascorressi un po' di tempo da solo a riflettere con te stesso. Ci piacerebbe che tenessi a portata di mano un quaderno perché ti verranno in mente delle idee e vogliamo che le metta per iscritto. Siamo qui per aiutarti e vogliamo rassicurarti dicendoti che tutto andrà per il meglio. Ti starai chiedendo: "Quando?". Noi ti rispondiamo: "Non appena lo vorrai." Ti metterai da parte, o meglio, lo farà quella piccola parte di te che vaga tutto il giorno, per lasciare un'ora d'aria al tuo Io interiore? È forse giusto da parte di quell'essere che ti aspetti ti compiaccia, e che prendi a pugni nel momento in cui è depresso?

Sì, è giusto permettere al tuo corpo emozionale di dare libero sfogo alle sue energie represse. Non è necessario che tu decida di seguirne subito i consigli; non ti stiamo chiedendo un impegno totale per adattare la tua vita al corpo emozionale. Faresti meglio a prendere un appuntamento con il tuo Io interiore per ascoltarlo: ha molto da dirti.

Voi due insieme potete giungere a un compromesso così che le esigenze di entrambi possano essere soddisfatte. Tu chiederai un mutamento degli eventi graduale e sicuro, mentre il corpo emozionale sarà contento di essere ascoltato e di sapere che il cambiamento sta per arrivare. Mio caro, voi due siete amici e l'esaurimento non deve rendervi nemici.

Fardelli

Sì, sappiamo che hai molti fardelli sulle spalle. Ci crederesti se ti dicessimo che i carichi ancora più pesanti sono quelli che ti porti dietro, come un mulo che trascina un aratro su un terreno spesso? È così! Il tuo passato e i suoi fantasmi, che ti ostini a trascinare nel presente, sono davvero la più opprimente fonte di resistenza al fluire della grazia della vita.

Abbandona i tuoi pesi, angelo celeste sulla terra! Sei troppo giovane per sopportare ulteriormente un simile fardello. Ti ruba la gloria della vita e ti stanca fino a farti stare male. Non pensare un secondo in più al tuo passato, come fa chi riflette su quali indumenti del suo guardaroba donare per una giusta causa. Regala tutto quanto! Non ti serve neppure l'ombra del passato e finché sarai convinto del contrario, la tua collezione di pensieri pesanti continuerà a stancarti anche nel presente.

Quando gli uccelli migrano verso nuove mete, non perdono tempo a discutere degli alberi e della campagna che hanno appena lasciato; farlo vorrebbe dire interferire sulla priorità contingente di trovare cibo e rifugio. Per te non è diverso, mio caro. Permettici di aiutarti con gentilezza a disfarti degli indumenti pesanti che non hai più bisogno di indossare.

Nella luce attorno a te fai questa semplice dichiarazione di verità e libertà: "Non porterò più con me il mio passato: è un peso e io, invece, ho deciso di alleggerire il mio carico. Dio, affido interamente a te il mio vissuto e lascio perdere l'immagine di me che ho costruito nel corso delle esperienze passate. Oggi è il giorno della mia liberazione e mi spoglierò di tutta l'inutile pelle dei tempi lontani. Sono libero, totalmente libero e non devo preoccuparmi minimamente di questo processo perché Tu sei qui con me."

Il tuo respiro può spazzare via un migliaio di anni di pressioni in un solo istante. Butta fuori il passato dal tuo corpo attraverso i tuoi polmoni. Respira, respira. Soffia, soffia. Butta fuori tutto con l'unico obiettivo di essere libero. Dolce angelo, sei il carceriere di te stesso; anche adesso aleggiamo attorno a te per aiutarti ad acquisire una nuova leggerezza.

Stai diventando un tutt'uno con la nostra coscienza e applaudiamo perché resisti a tutte le tentazioni di ritornare alla vecchia mentalità incline a trascinare pesi. Ricordati che siamo con te sempre e comunque, e rispettiamo il tuo impegno per la libertà. Ti promettiamo di non interferire, a meno che non sia tu a chiederci aiuto in qualche modo. Ti chiediamo solo di non aspettare un momento più di quanto dovresti per rivolgerti a noi con un pensiero o una parola come: "Angeli!". Vediamo che aspetti troppo prima di chiederci aiuto e ti stiamo accanto, pregando che tu possa vincere i tuoi sforzi di resistere da solo a così tanta pressione.

Ti accorgerai presto che in cielo non c'è posto per i fardelli e che il luogo che cerchi è proprio qui sulla terra.

Dividi con noi il tuo carico, caro amico, e sarai facilmente alleviato di un peso che non sapevi neanche di portare. Ti chiediamo di alleggerire la tua vita in nome di tutti gli angeli terreni che hanno bisogno di te.

Fede

Potreste aver notato che la "fede" è un punto centrale del nostro insegnamento. Fidatevi l'uno dell'altro e di voi stessi. Vi supplichiamo di raggiungere la vostra mente e di togliere tutte le ragnatele che vi intrappolano nell'eterna mancanza di fede. Spesso vi compiacete del dolore e del dispiacere che derivano dal sentirsi separati fuori e dentro di voi. Non c'è alcuna disconnessione, davvero; il senso di disagio in questo mondo deriva da un'eccessiva mancanza di fede.

Riuscireste a essere chiamati a casa senza fidarvi della Fonte? Vi state crogiolando nella mancanza di fede nell'attesa di un segnale che vi indichi qual è la verità? Ci sono circostanze in cui vi fidate, eppure, a livello dell'anima, il processo è completamente diverso. Dare fiducia alle situazioni umane comporta inevitabilmente delusioni. Tuttavia, a un livello più profondo, la vera fede si trova nelle aree in cui il disprezzo non può risiedere. Dopo tutto, chi può privare della fede un individuo che ha questo elemento come parte essenziale della sua natura? Il vostro essere più profondo è pieno di fede perché si tratta di un presupposto fondamentale per l'amore. Visto che siete amore, siete anche fede.

La tua predisposizione alla fiducia, dunque, si estende in modo quasi naturale. È solo quando contrasti la tua vera indole che provi disagio dentro e intorno a te. Vorresti forse contaminare la tua vera natura, contrastando l'espansione della fede verso l'esterno?

Potresti obiettare che la tua fede è venuta meno a causa di coloro che hanno compiti umanitari. Ancora una volta ti ricordiamo che non è questa la forma di "fede" di cui stiamo parlando. Essa si basa su Colui che chiamiamo Dio, quella fonte viva che anche adesso ti chiama a casa per riposare. Dai retta a questa chiamata ogni volta che sei spinto a cercare un riparo negli altri. Tuttavia, la tua mancanza di fede sbarra la porta interiore dei tuoi fratelli e ti nega l'accesso in questo stato che noi chiamiamo "casa". Nota, dunque, l'eterna frustrazione che crei cercando, eppure negando a te stesso, la tua dimora.

Non cercare una casa a due piani; troverai una soluzione tranquilla che, una volta scoperta, è davvero semplice da mettere in atto. Non guardare le fragilità umane per rispondere alle domande su te stesso. La tua fede non si troverà mai in un luogo così instabile. Inseguila ancora perché questo obiettivo è degno del tuo ruolo nel regno di Dio. Poi, una volta che hai deciso, cerca questo tesoro dorato nei luoghi in cui hai la certezza di trovarlo, ovvero nel regno interiore dentro al cuore di ogni essere che cammina su questa terra.

Procedi con grande entusiasmo verso questo traguardo che non può deluderti, dolce figlio di Dio. La tua fede non sarà tradita da Colui che ama eternamente. Troverai proprio Lui in questa profonda caverna sotto la superficie umana. Guarda in profondità, mio caro, e non resterai mai più deluso della tua fede.

Felicità

Sappiamo che molti stanno cercando ciò che viene chiamata "felicità"; eppure, vediamo che tanta confusione sulle conseguenze di questa condizione! Allora dedichiamo qualche pagina a riflettere su tale argomento. Proveremo a dissipare la confusione che, a dire il vero, è l'unica barriera che ti impedisce di raggiungere il tuo santo obiettivo.

Alcuni ti diranno: "Il mio è l'unico modo possibile." Non seguire chi ti allontana dalla Fonte di tutti i tesori. Cammina con gli angeli che non cantano di follie, ma di Colui che è "santo, santo, santo". Riparati sotto le nostre ali d'amore mentre rifletti a fondo su ciò che stiamo per dirti.

Per prima cosa, devi sapere che tutto ciò che ti provoca dolore è una mera illusione. È un diversivo concepito per distogliere la tua attenzione da Dio. Non esiste alcuno spartiacque tra te e il tuo Creatore che possa sottrarti la felicità anche solo per un momento. Tutto è Dio e ciò che non lo è, è impossibile. In questo senso, allora, l'infelicità è impossibile.

"Se questo è vero", ti chiederai, e ti assicuriamo che lo è, "perché mi fanno male il cuore, la mente e il corpo? Perché provo un desiderio così profondo che getterei via tutto quello a cui tengo per un attimo di pace?". E noi ti risponderemo, se ascolterai il tuo cuore. Metti da parte per un momento i tuoi dubbi e senti ciò che abbiamo da dirti.

La seconda regola fondamentale da comprendere è che tutta l'infelicità di cui sei testimone è solo uno specchio di ciò che si nasconde all'interno della tua stessa mente. Decidere di vedere la verità è la prima soluzione per uscire dal calderone ribollente d'orrore che scorgi intorno a te, caro figlio di Dio.

Cerchi di sfuggire al cosiddetto dolore? Allora fermati un attimo e pensa che potresti aver inventato ogni cosa. Ridi con naturalezza della follia di tutto questo. Solo chi è davvero pazzo potrebbe desiderare l'antitesi di Dio al prezzo della sua sovranità.

Ritorna nel vero luogo della tua santità, sul trono dentro al tuo cuore di pace, mio caro. Non restare ancora a lungo in luoghi sconosciuti che sostituiscono il regno autentico che si trova davanti a te. Non testimoniare il dolore e non desiderare più i messaggeri al di fuori del tuo santo Io. La felicità è la tua dimora e la tua essenza e sei portato a ritornarci con la semplice consapevolezza di un respiro. Non cercarla nella mente, sempre a caccia di vie di fuga fuori da te stesso. Accontentati, invece, della semplicità delle nostre prescrizioni per riposarti un momento nel tuo cuore.

Nel tuo immaginario sei convinto che la felicità sia qualcosa da inseguire e mettere a tappeto prima di catturarla. La bestia che immagini è frutto dell'idea che la verità sia ingannevole per natura. Non è così, te lo garantiamo!

Rifiutando ciò che sembra troppo semplice, ignori le rassicurazioni che ti guidano a casa con facilità.

Non pensare di dover proteggere dal male il tuo corpo o la tua vita mentre cerchi la verità fuori da te stesso. Se pensi che sia necessario scambiare qualcosa di cui hai paura con ciò che desideri, terrorizzi in continuazione la tua mente. Non c'è niente di reale da perdere, caro figlio di Dio. Niente di prezioso come te potrebbe soffrire, se non per scelta. E puoi annientare questo dolore con il semplice desiderio di fermarti e rinnovarti.

Non c'è alcuna complessità nella felicità perché il suo ingrediente essenziale è la semplicità. Gioisci, dunque, dell'effettiva natura della tua vera essenza. Sii lieto dello spirito vivente che sei e che Dio ha creato per scopi santi. Nel tuo gioire, immergiti nel continuo stupore per i doni che sono per te e che tu desideri. Non c'è altro luogo in cui andare se non qui; un semplice respiro e una preghiera sono il tuo passaporto per quella meta che per così tanto tempo è sembrata sfuggirti.

Respira profondamente e recita questa preghiera, caro figlio di Dio:

> *"Creatore celeste, chiedo la tua benedizione per questo momento in cui cerco di tornare a casa nel mio cuore. So che sei molto vicino e prego di sentire il cielo nel mio cuore. Innalzami ora, caro Dio, e portami a casa."*

Gelosia

Credi che qualcuno abbia più di te, prezioso figlio di Dio? Pensi che il suo sia un crimine che ti impedisce di acquisire ciò che il tuo cuore desidera? Questo turbinio della mente ti tiene in sospeso e nel frattempo nuoti in mezzo a tutto ciò che ti è caro. Le immaginazioni dell'ego sono ciò su cui si focalizza il mondo e, nel frattempo, l'amore passa inosservato e viene trascurato.

Permettici di spiegarti cosa sia la gelosia, santo figlio di Dio: c'è stato un tempo in cui ti godevi la solitudine totale all'interno della mente di Dio. Il tuo cuore e il Suo non nutrivano desideri di separazione perché tutto quello che ti serviva e desideravi era vicino. Poi, il contatto con l'ego ti ha fatto scuotere e guardare intorno. Improvvisamente ti sei accorto di non essere da solo e a questo punto nella tua immaginazione, hai creduto che i tuoi fratelli e le tue sorelle stessero gareggiando con te per ottenere l'attenzione di Dio.

In questo momento di competizione hai lasciato andare la consapevolezza della tua santità in cambio di fantasie di terrore. Chi non si sentirebbe spaventato e vulnerabile davanti ai guai e ai problemi senza la sicurezza della sua santità? Tuttavia, queste folli fantasie non sono che un sogno, mio caro. Guardati ancora intorno e renditi conto di come il palpito del cuore di Dio sia sempre stato al tuo fianco e come ora batta nel petto di qualsiasi creatura vivente sul pianeta Terra.

La tua anima giunge in ogni forma e dimensione: quella di una mosca e quella di un ratto non sono che l'impronta di Dio sull'impressione visiva della carne. Non cercare più le difficoltà, dolce figlio di Dio; al contrario, spalma sulle tue ferite il balsamo del Suo amore. Preparati al rinfrescante pensiero di tornare a casa nel tuo cuore e concentrati sulla verità, che è la ricetta giusta per tutto quello che sembra affliggerti. Da quando l'incubo è iniziato, siamo sempre stati al tuo fianco, santo figlio di Dio. Mentre credi di soffrire, siamo accanto a te per assisterti.

Dolce e prezioso figlio di Dio, non sei mai stato più vicino al cielo di quanto non lo sia in questo momento. La verità è che non l'hai mai lasciato, se non nella tua immaginazione. Ti accogliamo a casa con le ali spiegate chiedendoti solo di perdonarti: vediamo, infatti, che sei troppo severo con te stesso e spesso non accetti la misericordia che ti viene concessa. Mostra subito di apprezzare la tua dolce anima, carissimo figlio di Dio, e presentati alla verità nella tua luce splendente.

Ora scopri quanto sia ingannevole immaginare che qualcuno potrebbe avere più di un altro. In realtà, non c'è nessuno oltre a te. Nessuno oltre alla sola anima che risplende di scintille di luce. provenienti dalle sfaccettature di un unico gioiello: Dio. Egli non potrebbe amare nessun altro più di te! Ti dona il Suo intero regno d'amore, dolce meraviglia. Ti sei guadagnato le chiavi del Suo regno splendente. Nessuno può togliertele dalle mani tranne te.

Privartene o cadere in disgrazia può avvenire soltanto per tua decisione. Soffrire negando le tue esigenze può capitare solo per tua scelta. Sta a te scegliere se restituire a te stesso tutto ciò che non hai mai perso!

Preghiamo affinché tu faccia rivivere la verità e apra il regno alle tue esperienze coscienti sulla terra. Il cielo non ti delude e non ti fa soffrire. Dio desidera che la tua anima e il tuo corpo siano ristorati con la verità e l'amore. Non restare più fuori dalla porta, tormentandoti sotto la pioggia quando puoi scegliere di metterti al riparo, coperto dal Suo potente amore. È giunta la fine dei dispiaceri.

Quando sarai al sicuro, tendi la mano ai fratelli che soffrono in silenzio così poco lontani da te. Sorridi della luce splendente di Dio mentre afferri saldamente la loro mano mostrando il riparo che attende tutti voi. Il flusso dell'amore che dalla tua mano si riversa in quella di un altro è il modo in cui il divino Creatore vi raggiunge e vi culla. Non indugiare quando senti che qualcosa si agita nel tuo cuore e ti esorta a darti da fare per donare ai tuoi adorati fratelli l'amore che condividi. Non esitare neanche un momento; al contrario, raggiungili senza paura porgendo loro la mano e dicendo semplicemente: "Caro fratello, condividiamo l'amore di Dio come una cosa sola. Dal momento che ti aiuto, possa la pace eterna benedirci entrambi."

Non esiste competizione che cerchi di vincere l'amore del Creatore. Tutto è condiviso nell'istante in cui decidi di farlo. Colma i desideri del tuo cuore con questo amore e, mentre trasmetti questo flusso con le mani a qualcun altro che attende, le tue scorte sono rifornite ancora, ancora e ancora. Come una cascata che rovescia la sua sapida vittoria in uno spettacolo di singolare bellezza, il tuo flusso d'amore che proviene dal cuore di Dio e che passa dal tuo cuore a quello di un altro è per tutti una meraviglia e un miracolo. Non cercare ciò che puoi avere ma ciò che puoi dare. In questo modo avrai tutto e ancora di più.

Giudizio

Quando vediamo che ti fai del male con i giudizi, vorremmo toglierti dalle mani le schegge appuntite che ti causano agonia e dolore, mio caro. Ci piacerebbe che riuscissi a vedere la tua immagine giudicante, come un bambino che gioca e si punzecchia con bastoni appuntiti, domandandosi da cosa siano causate le sue ferite. Le continue critiche mosse a te stesso attraverso gli occhi degli altri ci stupiscono: usi il tuo santo potere in modo improprio e perciò continui a soffrire, in nome di un'apparente protezione.

Deponi quei pugnali, caro amico! Ti esortiamo a non punirti più perché la tua inutile sofferenza suscita in noi preoccupazione. Certo, siamo in pena per te e non ti giudichiamo mentre giochi con gli attrezzi aguzzi che tu stesso hai creato. Desideriamo per te solo la felicità eterna e, sebbene cerchiamo di sottrarre alla tua mente questi giudizi, ci accorgiamo che le intenzioni con cui li formuli sono diverse dai risultati che ottieni.

Vediamo che ti preoccupi di forgiare le spade che servono a proteggerti. Forse non sai che l'estremità di qualsiasi lama affilata taglia la stessa mano che l'impugna per cercare di ferirne un'altra. Non c'è modo terreno di entrare in possesso di una simile spada senza che il suo proprietario si ferisca.

Non conquistare questo premio terreno, adorato figliolo! Non è degno del santo figlio che sei, e questa santità non ha bisogno di difese. Nonostante sembra che gli altri agiscano stupidamente, devi sapere che i loro desideri sono lo specchio dei tuoi. Essi, come te, stanno cercando quella casa del cielo che il loro cuore desidera ardentemente anche adesso. Se suppongono che tu ce l'abbia, possono farsi strada nel tuo cuore per cercare di impossessarsene. Eppure, il legittimo proprietario della casa celeste è Colui che ora vive dentro te. Egli non ha mai abbandonato la Sua casa e non pensare con angoscia che potresti averla lasciata durante il tuo sonno celeste.

Non allontanare i tuoi fratelli con i giudizi altezzosi! Sono amici eterni che cercano di unirsi a te sul sentiero verso il cielo, sebbene siano confusi quanto te. Abbi pietà per questo figlio di Dio che cerca di trovare la sua strada! Non ferirlo con la tua spada, ma tienilo saldamente per mano mentre vi unite in una santa alleanza fondata sulle basi dell'amore consacrato.

Il vostro Creatore invita entrambi ad affrettarvi verso casa; non dovete aspettare domani per scendere a ulteriori compromessi prima del ritorno. Non c'è niente da aggiungere o da temere sul momento in cui vi sarà possibile toccare il cielo. Venite insieme, mano nella mano, e la luce splendente del cielo avvolgerà entrambi.

Sei a casa, per sempre, e mentre lasci che la Sua grazia splendente sciolga tutte le preoccupazioni, ti accorgi che i giudizi vengono rimossi dalle tue mani come una brezza leggera fa cadere le foglie secche. Non usare più le tue spade una volta cadute a terra, santo figlio di Dio. Cammina sulla loro fragilità e sentile spezzarsi sotto il peso della tua alleanza con l'altro. Sei l'unico che suscita gratitudine in cielo ogni volta che lasci cadere un giudizio senza parlare. Gioisci con noi del fatto di essere in cielo mentre sei sulla terra!

Gravidanza

Il periodo della gravidanza è davvero cruciale per la salute di una donna e noi diamo assistenza continua alle madri del pianeta. Ultimamente siamo preoccupati per le sacche di tensione che si sono sviluppate nei cuori premurosi delle madri. Così, cerchiamo l'opportunità per recapitare le informazioni a te che nei prossimi anni sarai in dolce attesa.

Non c'è momento più importante di questo sulla terra. Il pianeta cerca il suo equilibrio e il suo moto si sta completando. Le implicazioni sono piuttosto serie per i suoi abitanti. Tuttavia, i bambini scelgono di nascere per annunciare una nuova era. Per questo motivo prestiamo particolare attenzione ai grembi in cui i loro corpi viventi sono in gestazione e imploriamo coloro che hanno scelto di essere madri di guardare con molto riguardo il loro ventre che cresce.

Dieta, aria fresca ed esercizio fisico sono fondamentali, è vero. Eppure, l'aria fresca intesa come allontanare i pensieri dalle preoccupazioni terrene è ancora più necessaria. Chi di voi ha bisogno dei beni materiali più disparati, quando è in discussione l'equilibrio stesso della vita terrena? Imploriamo voi madri di tutto il mondo di interrogarvi su quali siano i motivi della vostra inquietudine, mentre portate dentro di voi il nuovo bambino celeste. Vi è possibile sfuggire alle preoccupazioni e alle tensioni alleggerendo il vostro carico? Ogni volta che vi scrollate i problemi di dosso e vi riposate dai fardelli logoranti, il corpo del vostro bambino riflette questa luce splendente.

Poiché non riesci ancora a comprendere l'importanza di condurre questi bambini al sicuro, ti ricordiamo ancora una volta la santa natura della tua missione. La maternità è vissuta al meglio se contempli il tuo mondo interiore, dal momento che cambi quello esteriore per permettere questo adattamento. Non sono le carrozzine o le culle le cose di cui il tuo bambino ha bisogno in questo momento storico, ma della guida gentile e della dolce innocenza di te, la madre del figlio terreno di Dio.

Non cercare, dunque, un oggetto d'attenzione esterno per tuo figlio. Il piccolo non deve dimenticare la sua chiamata celeste. Ricordati della tua decisione di partorire e usa questo punto centrale per imprimere anche adesso nella testa del tuo bambino la sua santa missione. Non forzarlo a guardare verso la superficie della terra, ma tieni il suo sguardo sempre rivolto al cielo. Le lezioni con cui il tuo piccolo torna sulla terra sono impresse sulla sua anima e tu, fedele assistente di questo fondamentale testo sacro, puoi aprirla con la tua chiave.

Il neonato, in quest'epoca del pianeta, non è tuo, cara madre. Appartiene alla terra. Lascialo andare avanti e ricordagli il motivo per cui è qui.

Prega e canta sempre per lui. Chiedi a noi angeli di circondarlo con il nostro sguardo gentile. Riempi i suoi sogni con il pensiero di ritornare al suo perenne stato di grazia. Non stare sospeso tra terra e cielo con il tuo bambino o perderai il salvatore terreno che è ricco di consigli planetari.

Tutte queste faccende ultraterrene, in fondo, sono semplici: basta ricordare alle madri di tenere conto della missione del loro bambino per il pianeta. Quel momento è ora e tu che porti madre natura nel tuo grembo concorderai senz'altro di averlo sempre saputo.

Imbarazzo

Chi tra di voi si vergogna a tal punto da cercare di nascondersi dalla sua eterna santità? Il peso dell'autocritica ha suscitato in voi un'ondata di imbarazzo tale da sottrarvi alla vista dei vostri fratelli? Colui che, cercando conforto nella solitudine, si lecca le sue ferite mortali, presto diventa prigioniero di queste parole: il più grande dolore proviene da dentro, così come la liberazione da esso. Se vogliamo liberarcene, fermiamoci un attimo qui.

In questo preciso istante guarda coi tuoi occhi spirituali l'immagine di uno che è come te e veste i panni di un essere immortale ed eterno. Riesci a vedere il bagliore che si irradia dalla sua santità? Questa è l'immagine di ciò che sei! Se volgi i tuoi occhi alla luce che emani tu stesso, provi felicità riconoscendo il tuo vero potere? Percepisci la grandezza dell'essere potente che sei?

Colui che è magnifico distribuisce il Suo potere attraverso di te; tuttavia, se hai una bassa autostima, non riesci a concepire una potenza così grande dentro al tuo Io mortale. Il possesso della supremazia appartiene a tutti, santo figliolo! Non c'è nessuno tra voi più grande o più piccolo degli altri. In nessun luogo nell'immensità di questa terra Dio avrebbe potuto creare qualcosa di più perfetto di te.

Mentre ti meravigli della vera magnificenza che è dentro di te, ti accorgi che il suo enorme potere suscita in tutta l'umanità ispirazioni così dolci che i mortali non riescono a percepirle? Questo limite che hai imposto al tuo Io con un duro lavoro di umiltà, ti schiavizza. Non svendere te stesso per la vergogna, dolce e tenero figlio di Dio. Una persona di tale grazia e santità come te non deve provare imbarazzo nel disturbare la creazione interiore della vera immagine e somiglianza di Dio.

Sminuisci te stesso davanti alla Sua magnificenza, sì, è vero, com'è vero che imparerai dalle lezioni che ti fanno crescere. Dona la tua grandezza al mondo: in questo preciso istante e in eterno sei pronto a svelare il Suo valore affinché tutti possano vederlo attraverso il tuo fulgido esempio. Per quanto timido tu possa sembrare, il Suo onore abbagliante è inconfondibile per gli occhi che guardano i raggi luminosi del tuo essere. Non oscurarli con falsa modestia, mio caro, e non temere che l'umiltà ti richieda di non splendere!

Proprio come Dio vi circonda di felicità, così fate voi irradiando questi raggi di conoscenza su tutte le persone che riuscite a raggiungere. Non c'è nessuno tra voi che non possa essere guarito da queste parole; poiché i vostri dubbi possono impedirvi questa esperienza, affidateli a noi. Consegnateci oggi stesso il vostro arsenale di fatica e mancanza di fede, così che possiamo proteggervi con le vere medaglie che vengono dalla grazia e dalla gioia. Non c'è valore nell'essere prigionieri di voi stessi e Dio vi invita a seguire la Sua chiamata verso la gloria, l'uno nel nome dell'altro. Siete i Suoi figli più perfetti e non avete perso la grazia divina in nessun modo mortale.

L'imbarazzo viene estirpato nel momento in cui Dio fa splendere la sua paziente comprensione su ogni pensiero sottoposto al Suo potere benefico. Spazza via il baccano della vergogna mentre lo offri a Dio, celeste figliolo, e avverti come vengono cancellati i momenti che pensavi fossero causa di dolore. Guarda con un sorriso la facilità con cui si dissolvono quando sono innalzati alla gloria del cielo e affidati a Colui che può donare ogni cosa con la Sua grazia eterna. Dio è il risolutore creativo di tutto ciò che rovinerebbe la consapevolezza della Sua santità in tutti gli uomini mortali; eppure, tu ancora cerchi di vendicarti per qualcosa che non hai mai fatto!

Il senso di colpa si insinua silenzioso nella notte quieta e soffoca le sue vittime con un cuscino sul viso. Non lasciate entrare questo aguzzino e non intonate il suo canto per invitarlo ad aspettare alla finestra. Non vi abbiamo parlato un momento fa della Sua grazia infinita che si precipita a guarirvi da ogni apparente peccato mortale? Non c'è niente nella Sua santa visione che smetta di sollevare la scintilla nei Suoi occhi alla tua vista. Dio, che ti ama completamente, non riesce a comprendere quello che potrebbe sminuirti. Dunque, sii come lui nel vedere te stesso con occhi malinconici che catturano solo l'immagine di te splendido alla Sua vista.

Incomprensione

Ti senti solo, depresso e incompreso? Sei ferito dal fatto che qualcun altro sminuisca i tuoi numerosi successi. Sottovaluti te stesso attraverso gli occhi di un altro e assumi il suo ruolo di carceriere, che ha in sé elementi di gelosia, scompiglio e indifferenza.

Volgi lo sguardo alla sabbia o alle montagne? Guardi le stelle luccicanti nel cielo notturno o ascolti i lamenti lontani della tristezza? Appartieni al cielo anche tu, persino mentre trascorri il tempo che ti resta sulla terra.

Anche se il mormorio della lusinga sembra volubile e delizioso, il suono che il tuo Creatore emette nel darti un lieto benvenuto mentre volgi a Lui il cuore e i desideri, è più prezioso e duraturo di qualsiasi gioia derivante dai complimenti altrui. Ti chiediamo di allontanarti dai piccoli desideri e di volgere il cuore appena un po' dietro di te, dove ora siamo noi, così daremo il benvenuto a te che condividi con noi la sete e la fame per l'amore di Dio.

Caro figlio di Dio, Egli placherà per te il più profondo dei desideri. L'unico prezzo del Suo amore è la tua consapevolezza quando entrerà nel cuore e nella coscienza. Non darti pena con i desideri ambiziosi che agitano la maggior parte dei tuoi fratelli e sorelle su questa terra. Non c'è alcuna difficoltà da superare per guadagnare il posto che ti spetta in cielo. Il cielo è qui! È qui sulla terra per quelli che ne fanno la loro casa di gioia e felicità.

Caro figliolo, non devi preoccuparti per gli errori commessi da te o dai tuoi fratelli su questo pianeta. Non essere severo con nessuno, dolcissimo angelo. Perché focalizzi la tua attenzione sugli insetti che strisciano sul terreno, quando con la stessa facilità potresti essere immerso all'ombra del grande e splendido cielo? Non stancarti coscientemente sulla terra, al contrario, affida i tuoi desideri a Colui che può salvarti da te stesso.

Caro amico, Dio comprende ogni tuo desiderio. Egli sussurra il tuo nome apprezzando costantemente quello che sei nel Suo santo cuore. Sei nella giusta direzione quando desideri la fratellanza con il tuo divino Creatore sulla terra. Troverai Dio nel cuore dei tuoi carcerieri che in realtà sono tuoi fratelli e sorelle di sangue. Non devi preoccuparti che uno o l'altro si sbaglino sul tuo conto. Siamo tutti qui con te a festeggiare felici, e ti chiediamo di unirti a noi nella celebrazione della luce che ti circonda con estasi.

Sei il Suo santo figlio! Sei il Suo figlio divino e puro! La tua considerazione è garantita nell'essenza di chi sei e ci inginocchiamo davanti a te che sei l'incarnazione di Dio; chiediamo la tua continua benedizione mentre approviamo il divino su questa santa terra.

Invidia

Vedi nell'occhio di tuo fratello un bagliore che vorresti per te stesso? Questo mostro che noi chiamiamo "invidia" ha fatto molti prigionieri per il suo mandante, che è la paura. Quando cerchi di cogliere la superiorità di tuo fratello e di sorpassarlo nel suo operato, interrogati con onestà sul desiderio che provi e riconoscerai di cosa si tratta. L'amore è l'essenza di tutto ciò che sei e non ti discosterai dalla tua vera natura, né ora né mai. Ciò che invidi di un altro è eternamente in te perché amore è tutto ciò che sei e sarai.

Puoi immaginare che l'azione di tuo fratello attiri l'attenzione di un essere che dona amore in modo instabile. Può esserci un'invidia immaginaria se si pensa di non ricevere amore quando viene donato a chi ne ha apparentemente più di un altro? La ricchezza di uno non è necessariamente quella di un altro; eppure, l'amore che tutti possediamo si diffonde uniformemente tra noi in ogni modo.

La ferita che si crea nel tuo cuore in nome dell'invidia deriva dalla pietra appuntita che blocca la consapevolezza dell'amore onnipresente. Non ci chiederesti di rimuovere questa pietra affinché la luce dell'alba splenda nel profondo con una freschezza così dolce che nessuna invidia potrebbe entrare in questa immagine? Non c'è alcun ostacolo da superare per elevarti tra i tuoi fratelli. L'invidia è attrazione verso ciò che sembra luce ma che, in realtà, fa cadere un fratello in modo che tu possa salire. Non pensare che una cosa sia possibile senza l'altra: ci troviamo tutti sulla montagna più alta! La luce splende liberamente tra noi inondando ogni cosa: basta solo guardare in alto.

Ci rivolgiamo ora a coloro che provano invidia: date le spalle all'oscurità ed entrate nella luce della consapevolezza di essere teneramente amati. Allontanatevi dai sospetti che non vi portano da nessuna parte e volgetevi a Colui che dimora nel vostro cuore. L'invidia taglia le corde che vi legano gli uni agli altri e vi strattona con dolore e afflizione.

Il tuo Creatore non ama un individuo più di un altro e c'è nulla che ti venga sottratto. Caro amico, riposa tranquillo con questa certezza perché tutto il tuo essere fa parte della Sua santa ricchezza d'amore. Il Suo pensiero ti onora con misericordia sicura e costante, mentre il Suo amore purifica i pensieri che ti impedirebbero di ricevere pienamente i tuoi santi doni. Raggiungi la profondità del tuo cuore e getta via ciò che è dolore. Il tuo santo altare è degno di purezza e saggezza.

Modifica il tuo modo di pensare, caro amico, e non fermarti un secondo in più a desiderare il pane quotidiano di un altro. Ce n'è abbastanza per tutti e sei libero di gioirne nel momento in cui ne passi un pezzo al fratello alla tua sinistra e uno a quello alla tua destra. Servili abbondantemente e stai certo che ne riceverai ancora di più. Questa infatti è la tua santità, concepita come frutto dell'azione.

Se guardi in un fratello il riflesso della tua grandezza interiore, la gioia che proverai non è paragonabile a nessun altro successo su questa terra!

Sei davvero santo. Amen.

Morte

Il distacco da questa superficie terrena è una delle prime lezioni di vita. Succede così spesso che uno potrebbe pensare che ormai ti ci sei abituato. Hai dimenticato alcune delle prime lezioni solo apparentemente, per poterne affrontare altre più in là. Questo è positivo perché è la legge di Dio. Alcuni di voi ricordano di aver lasciato il corpo negli anni precedenti e questo permette agli altri di informarsi su quello che c'è dopo questa vita.

Una cosa è certa: nell'aldilà non avrai bisogno di questo corpo. Ti aiuteremo ad abituarti a un corpo nuovo e pronto che ti sta meglio di qualsiasi altro. Usiamo il senso dell'umorismo per aiutarti a vedere questa fase di transizione chiamata "morte" in una luce nuova. Caro amico, non devi temere questo cambiamento. Avverrà, ciò è inevitabile. Possiamo aiutarti a prepararti a questo momento in modo che la tua vita terrena non ne risenta.

Vediamo che sulla terra molte persone riflettono sull'aldilà. Auguriamo loro ogni bene, li consideriamo cercatori di luce e verità. Tuttavia, raccomandiamo loro di tornare ad avere una visione primitiva, innocente e candida della vita terrena.

Non preoccuparti chiedendoti: "Cosa ci sarà dopo questa vita?". Ti diremo tutto quello che devi sapere, ma non così tanto da rovinare il tempo che ti rimane da vivere. Sarebbe crudele raccontare a un uomo che sta morendo di fame tutte le leccornie che lo aspetteranno un giorno al ristorante.

Il resto dei suoi giorni, trascorsi in attesa del momento in cui andrà al ristorante, sarebbero rovinati in anticipo nell'aspettativa di ciò che viene dopo.

Ti chiediamo di fare lo stesso e di concentrarti su quello che c'è qui, ora, per te. C'è così tanto da raccogliere e da dividere sulla terra, caro figlio di Dio! Non lasciare che la sorpresa di quello che è in serbo per te sia più di una semplice occhiata. Non esagerare con i pensieri sul cielo perché vi hai accesso anche mentre sei qui sulla terra. La vita si prenderà cura di se stessa, se glielo permetterai.

Le cose non miglioreranno per te nell'aldilà, se sprechi la vita pensando al tuo futuro in cielo. Di quello puoi star certo. Pensa solo alla gioia che proverai nel rivedere la tua preziosa esistenza trascorsa al servizio dei tuoi fratelli qui sulla terra. Poi confrontala con una vita passata a riflettere sul futuro senza svolgere alcuna azione coscienziosa.

Caro amico, c'è gioia nel dare! Non credere alle nostre parole, provaci da solo e stai a guardare. Questa è l'essenza, il flusso della vita. Il desiderio di essere utile si maschera in molti modi, uno dei quali è l'ossessione per la morte e per il cielo. Pensi che diventerai un angelo una volta che ci arrivi, ma la verità è che proprio ora, sulla terra, sei chiamato a compiere atti celesti. Puoi farcela: puoi dare molto, anche quando pensi di avere poco da offrire.

Caro, come possiamo convincerti della giustezza del progetto di Dio? Non devi crederci sulla parola, ma dobbiamo darti una piccola spinta per farti imboccare la direzione giusta. Renditi utile nel modo che ti sembra più adeguato e avrai un po' meno timore della morte. Dona ogni giorno e vedrai tutte le paure sulla morte dissolversi e svanire.

Noia

Troviamo che la parola "noia[1]" sia molto interessante. Indica una sensazione di vuoto, che si può colmare solo se lo vuoi. La tua scelta, allora, è l'unica questione su cui deve soffermarsi la tua mente. Con che cosa lo riempirai? Sicuramente non con le stesse cose che ti hanno condotto alla noia.

Invitaci a colmarti e a guarirti! Sapevi che gli angeli possono volare dappertutto, persino nel corpo e nell'essenza della tua anima? Entriamo dove siamo invitati; dunque, il tuo tempo sarà ben speso se penserai a come saziare te stesso attraverso un nutrimento d'amore. Troppi esseri si siedono, si agitano e incolpano il mondo esterno per i loro sentimenti amorevoli. Questa esperienza ha insegnato loro quanto sia inutile dare la colpa agli altri, eppure continuano ad adottare questo tipo di comportamento perché non sanno fare niente di diverso.

Caro amico, siamo qui per dirti che c'è un altro modo per guardare la noia. Come abbiamo detto, il tuo vuoto è colmato appena decidi di farlo. Ti chiediamo di scegliere attentamente con che cosa vuoi riempire il tuo vuoto. La

1 Ndt: In inglese "bore" significa sia noia che foro, da qui il gioco di parole in inglese.

scelta coincide con il momento in cui prendi la decisione perché in questo sta la tua potenza.

Se contempli il dolore, allora hai scelto di colmare il tuo vuoto con l'afflizione. Dal nostro punto di vista, il dolore somiglia a tralci verdi e fibrosi appesi all'interno della gabbia toracica della gente, come una foresta umida e tetra. Probabilmente, se vedessi i suoi colori giallastri, non lo sceglieresti così volentieri. Questi ramoscelli ostruiscono il tuo cammino interiore e rendono difficile il percorso: sappiamo infatti che ti stanchi a furia di fare pressione contro te stesso.

La noia è semplicemente un messaggero portato alla tua conoscenza dal tuo Io superiore. Caro amico, si tratta di un regalo e nel momento in cui scegli di considerarlo tale, riderai dinanzi al luogo dentro di te in cui vengono prese tutte le decisioni. Guarda la noia come se fosse un blocco stradale che ti ha costretto a deviare su un'altra strada. Sai che quando sei annoiato c'è qualcosa che non va! Ignorare i problemi è un modo per lasciarsi invischiare nella noia.

Sei davvero innocente e hai diritto ai tuoi sentimenti, dolce e santo figlio di Dio. Se lo vorrai, questo tuo senso di noia ti condurrà delicatamente nel posto in cui desideri stare e in cui sei il benvenuto. Non trascinare la noia ma lascia che sia lei a trascinare te e presto sarete amici in questo nuovo luogo dentro di te.

Onestà

Con chi devi essere onesto se non con te stesso? Dio scorge tutto ciò che è autentico nel tuo cuore. Sì, Egli vede costantemente il tuo amore e, se Gli chiedi aiuto, il Suo spirito santo allontanerà le tue preoccupazioni. Noi angeli vediamo i pensieri irradiarsi dalla tua mente e, come imparerai presto, non ce n'è uno che possa essere tenuto nascosto agli occhi degli altri. Tutto avviene alla luce del sole qui in cielo. Noi non cerchiamo di controllare le tue idee, ma ti aiutiamo a custodirle con il tuo cuore amorevole.

Se riuscissi a scorgere ciò che noi vediamo nel tuo cuore e nella tua mente, ti impegneresti a tenere sotto controllo i tuoi pensieri. Non li getteresti più al vento che li trasporta affinché rinascano come un seme trasportato sulle pianure.

Oh giardiniere, artefice di piccole e grandi creazioni, prenditi una pausa per vedere le tue tenere attenzioni dal nostro punto di vista. Temi che sottrarremo dalle tue mani il forcone e la pala, invece cerchiamo solamente di rinvigorire la bellezza del tuo giardino e di aiutarti a non seminare erbacce. Il recinto che hai delimitato attorno a te non è adatto a contenere ciò che hai piantato nel tuo terreno. Non c'è alcun dolore proveniente da Dio, ma solo quello che hai coltivato con fatica sotto ai tuoi piedi.

L'amore maturo che sta di fronte a te, pronto per essere colto, gustato e condiviso, è bello quanto un qualsiasi fiore sbocciato su questa terra. Osserva l'amore che hai piantato e coltivato con successo grazie ai momenti di dolcezza condivisi con gli altri! Non rimandare il momento in cui gusterai questo frutto, prezioso figlio di Dio, perché le messi saranno più abbondanti quando raccogli i suoi frutti vivificanti nei pensieri e nelle azioni. Le scorte di questo amore non diminuiscono mai e il raccolto è a tua disposizione per festeggiare e per essere condiviso.

Le erbacce, che ora catturano la tua attenzione, sono estirpate con facilità grazie alla tua onestà, santo figlio di Dio. Guarda amorevolmente tutto ciò che hai piantato e non usare la forza per strappare ciò che non serve. Al contrario, prendile gentilmente tra le braccia e affidale a noi angeli che siamo pronti ad abbellire il tuo giardino. Affidale a noi, caro! Consegnaci le tue erbacce! Noi le porteremo con piacere al Creatore che può correggere tutto ciò che è stato piantato per errore. Egli può miracolosamente trasformare le foglie secche in raccolti abbondanti che riconsegniamo alle tue braccia protese.

Non trattenere neanche un'erbaccia proteggendola con desideri segreti o vergogna nascosta. Non ci sono erbacce che vuoi per te stesso! Non ci sono erbacce che potresti confondere con fiori rigogliosi, se condividerai le tue incertezze con l'Onnisciente. Liberatene e riposati sapendo che tutto ciò che è reale e splendido fiorisce eternamente al tuo fianco.

Opportunità

Caro amico, non piantare un paletto nel terreno per poi dire che è "tuo". Ciò che chiami "Terra" è qualcosa di tenero e gentile, ma non è disposto ad arrendersi ai tuoi desideri. La tua santa volontà non cerca di dominare la terra, ma di procedere delicatamente tra i tuoi fratelli e le tue sorelle.

Sei santo come il tuo Creatore e stiamo attenti a cogliere ogni occasione per richiamarti a casa. Stai tranquillo e dacci l'opportunità di entrare nel tuo cuore. Sei tu che apri la sua porta mentre noi rispondiamo alla tua richiesta di assistenza divina. Giungiamo a te di notte, e forse pensi che non siamo necessari. Tuttavia, mentre ti riposi nella pace nel sonno, il tuo cuore è più sveglio che mai.

Entriamo nei tuoi sogni nei momenti peggiori per portarti i nostri messaggi di consolazione e supporto. Vedi, dolce e prezioso figlio di Dio, la tua nascita è la nostra opportunità per servire Dio. Ti guidiamo in modo semplice e impercettibile per trovare la Sua mano così che Egli possa condurti alla salvezza eterna e al delizioso abbandono.

Non pensare che le opportunità esistano solo in cielo o sulla terra. Qual è la linea che li divide? Il cielo non sfuma forse nella terra e viceversa? Perché, dunque, devi scegliere uno dei due? Si tratta di una distinzione artificiale e tu, che sei chiamato al dovere di servire Dio, senti la verità di questa affermazione nel tuo essere.

Procedi con sicurezza, angelo terreno, sapendo che siamo con te e davanti a te per aiutarti a riconoscere le porte che apriamo sulla terra. Te le segnaliamo mediante il tuo respiro o attirando la tua attenzione. Caro amico, non aver paura di perdere i nostri suggerimenti; pianifichiamo queste rotte insieme nei tuoi sogni. Il meglio deve ancora venire mentre procedi tra noi con intenzionale e consapevole partecipazione.

Desideriamo farti diventare uno di noi e il tuo Creatore celeste ti chiede semplicemente di compiacerti della gioia di essere il Suo santo figlio. Sei guidato con una tale dolcezza e delicatezza che nessuno ti chiede di oltrepassare le barriere della tua volontà. "Come in cielo così in terra" è una perfetta descrizione della vita che sei chiamato a vivere.

Scorgiamo la dolce essenza del tuo essere anche se tu non la vedi. Cerchiamo il momento giusto per distribuire i tuoi doni di Dio al mondo e insieme, voi e noi, lavoriamo come un'abile squadra in perfetta sincronia. Sei qui per trarre profitto da tutto ciò che sei in realtà.

Non cercare di glorificare il tuo nome, ma di brillare nella gloria del Creatore che è una cosa sola con te. Irradia la tua luce dalle tante colline, mio caro, e fai piovere allegramente amore su coloro che cercano di impadronirsi del tuo cuore. Sei uno di noi e sei uno strumento della Sua pace eterna e durevole.

Paura

Ti amiamo, caro amico, e ti mandiamo raggi rassicuranti nell'istante in cui ti sentiamo tremare di fronte a un problema. Il segnale che proviene dalla paura é un fischio che chiama noi angeli al tuo fianco. Dunque, non sei mai da solo durante i tuoi momenti di angoscia.

Alcuni di voi traggono piacere dalla paura. Ne sei sorpreso? Eppure, una parte di te sa che è vero. L'attitudine alla paura della vostra società ci rende perplessi; tuttavia, dobbiamo trattarla in questo paragrafo perché è un buon punto di partenza per il nostro messaggio.

Quando urli spaventato, da dove nasce questa emozione? Non sembra provenire da un profondo urlo interiore? Questo grido è la fuoriuscita dell'energia a lungo provata, quella che tu, con le tue parole, definiresti "catarsi". Ciò che suscita paura nelle occasioni di intrattenimento come i film, i libri e le conversazioni, non è altro che lo stesso movimento di sfiato del vapore accumulato. La piacevole sensazione che ne deriva è sollievo e liberazione per il cuore.

Portiamo la tua attenzione su questo punto perché vogliamo che tu sappia che il mondo gira molto più velocemente nella sua scala evolutiva. Presto verrà un tempo in cui alcuni di voi potrebbero sentirsi sopraffatti dalla folle rapidità con cui avvengono i cambiamenti. Noi angeli vogliamo comunque assicurarvi che niente si muove a una velocità superiore a quella dei battiti del cuore dell'amore. Il vostro amore e quello di Dio sono perfettamente sincronizzati in un ritmo meraviglioso, ora e per sempre.

Questa sintonia è l'ancora che ti salverà dalle paure che si aggiungeranno nei tempi a venire. Proprio come il battito del cuore di una mamma che calma e culla un bambino, così la tua essenza contiene l'antidoto alla paura. Usa questo tempo per prepararti, adeguando la mente e il corpo a questo ritmo attraverso un graduale allenamento a cui puoi ricorrere nei periodi che verranno.

Cari figli di Dio, andate avanti senza paura, ma non sbarazzatevene attraverso mezzi di intrattenimento catartici, al contrario, sfruttate questo tempo per pacifici soggiorni entro il territorio inesplorato de "l'aldilà interiore". Non temiate che stando semplicemente seduti da soli con voi stessi potrete vedere, sentire o percepire un'essenza sgradevole. Permettete a noi angeli di intervenire condividendo le vostre paure. Affidatele a noi!

Queste sessioni di allenamento sono rimedi essenziali per i tempi che verranno. Abituati a trattare i pensieri spaventosi attraverso questi semplici esercizi e in futuro trarrai giovamento dai nostri insegnamenti. Quello che ti auguriamo, con il nostro intervento angelico, è che tu possa tenere sotto controllo i pensieri con molta più attenzione di quanta ne hai avuta in passato. Come un giardiniere risoluto si prepara a estirpare le erbacce nell'istante in cui spuntano, noi ti esortiamo a prenderti cura della tua mente nello stesso modo.

Allenati a sgombrare la mente dai pensieri che affiorano mentre contempli idee di solitudine su questa terra. Poi, mentre ti immagini nell'atto di consegnare la forma pensiero della paura alle nostre braccia protese, afferma: "Non sono solo, né ora né mai." Rifiuta di considerarti un essere tremante e solo in balia degli elementi di un ambiente spaventoso. Man mano che intorno a te le cose cambiano, saprai che la tua connessione diretta con Dio e con noi angeli è stabile e inalterabile.

La paura può essere adoperata in molti modi, carissimo essere. Usala con saggezza e grazia! Rivolgiti ai tuoi amici, gli angeli celesti, e noi spazzeremo via dalla tua mente tutte le immagini spaventose. Non conservare neanche un briciolo di orrore pensando di voler trovare una soluzione alla tua stessa immaginazione. Sbarazzati di tutto!

L'unica soluzione alla paura è chiedere aiuto e assistenza alle creature celesti di Dio non appena ti accorgi del tuo dolore interiore. Un saggio padrone di casa che sente puzza di fumo non aspetta che la casa sia divorata dalle fiamme per telefonare ai vigili del fuoco. A quel punto, la chiamata sarebbe quasi inutile. Non aspettare di essere sopraffatto da una paura monumentale per invocare il nome di Dio.

A quel punto, come accade sempre, Egli ti manderà aiuto e assistenza. Anche così, per qualche minuto, potresti non sentire le Sue amorevoli braccia perché sarai intrappolato tra i molti strati di paura e cielo. Ancora più intelligente è colui che impara a tenere sotto controllo il suo benessere e che non esita a chiedere aiuto, assistenza o conforto a qualsiasi forma di creatura celeste.

Impara bene la lezione, dunque, dolce figlio di Dio, e ricordati sempre di prenderti cura del tuo essere interiore chiedendo aiuto ogni volta che ti serve. In questo modo, la tua marea non avrà più un brusco spartiacque tra flusso e riflusso, ma un graduale aumento che non erode la tua pace mentale.

Pazienza

Il tempo e le stagioni nascono su questa terra e a lei si riferiscono. In cielo non c'è bisogno di tempo perché siamo immortali e indifferenti al ticchettio degli orologi e alla spunta delle pagine sul calendario. Noi non siamo prigionieri della gabbia con cui misuri i tuoi risultati, eppure, comprendiamo le pressioni che ti schiacciano, dal momento che vivi con simili rituali.

Non ti chiediamo di disfarti dei tuoi orologi. Tuttavia, vorremmo che tu capissi meglio i desideri che giacciono nel tuo cuore e che ti spingono a usare la fretta e la premura a tuo piacimento e discrezione. A questo punto, vediamo che è necessaria un'infusione di pazienza. Ci accorgiamo dell'ansia per il cambiamento che tanto desideri e che avverti all'orizzonte.

Non precederci su questo punto perché dobbiamo descriverti attentamente il nostro modo di vedere la pazienza. Siediti e respira, siediti e respira. Bene, ora possiamo parlarti di nuovo. Senti che entriamo nella tua mente con le nostre parole e ancora una volta ti chiediamo, anzi, ti imploriamo, di rallentare i tuoi ritmi affrettati e concitati.

Noi angeli stiamo cercando di fare tutto il possibile per contenere l'ansia esplosiva che vediamo aumentare sulla terra; eppure, possiamo fare molto di più con il tuo aiuto e il tuo permesso. Potresti trattenere l'entusiasmo esplosivo che provi quando parti per una caccia al tesoro? Quando cerchi di conquistare o distruggere, tutto ciò che possiamo fare è contenere la perdita di energia che trascini dietro di te.

Ti imploriamo di mantenere la calma quando, durante la giornata, vieni colto dall'incessante desiderio di beni materiali. Vorremmo approfondire ulteriormente questo argomento. Nel tuo tempo sulla terra ci sono momenti caratterizzati da eterni desideri di grazia materiale: ciò che intendiamo è la grazia che cerchi in cielo, imprigionata in un oggetto che compreresti sulla terra. L'insegnamento che ora condividiamo con te è che questo desiderio è arricchito da una lauta ricompensa se lo condividi con Dio, perché solo Lui può soddisfarlo.

Eppure, quando sei prigioniero e schiavo di quell'uomo materiale che diventa parte di te cercando forme plastiche di grazia, i Suoi raggi vengono deviati dal flusso delle tue azioni e dall'entusiasmo per gli idoli. L'impazienza che provi, perché il tempo sta passando freneticamente senza te, come una nave che è salpata mentre tu sei rimasto a salutare sulla spiaggia, ti sta privando della più grande vittoria che il genere umano abbia mai conosciuto. Nel tuo cuore è in funzione un altro cronografo con la più grande quantità d'amore mai vista prima su questi terreni consacrati. Proietta questa luce sul terreno e guarda i fiori spuntare dal nulla.

Dio condivide la Sua santità con tutti quelli che tocca e anche ora adatta il Suo pensiero per circondare il tuo. Non esiste alcuna idea del domani che ti arricchisca quanto un vecchio pensiero del tuo Creatore che ti porta a casa. I benefici per te giungono nel momento in cui sei pronto, non un istante prima. Quando affidi a Dio le tue necessità e senti che Lui ti innalza, il limite del tempo finisce e la tua pazienza è quietata per sempre tra le Sue braccia.

In questo momento camminate su terreni consacrati; eppure, molti non sanno dove vivono. Non aspettate domani sognando che quello sia il giorno in cui sarete salvati. Cari, i vostri desideri eterni sono placati nell'istante in cui noi angeli stendiamo le ali in un ampio abbraccio di felicità.

Perdono

Osservare una farfalla che vola libera è una meraviglia. Quando un bambino corre ridendo in un prato tirandosi dietro un aquilone colorato, il cielo è vicino. Cari figli di Dio, queste visioni di immensa bellezza sulla terra sono piccoli esempi di libertà e grazia che superano i confini della vostra immaginazione.

Tutti quelli disposti a farlo, ascoltino le nostre parole. Anche adesso che leggete, se respirate profondamente e ci permettete di entrare nel vostro cuore, capirete ancora più chiaramente il significato di ciò che stiamo per dirvi. Sì, così va bene, continuate a respirare e a sentire. Percepite l'amore, l'amore, l'amore nel vostro petto. Fidatevi di noi, ci prenderemo cura di voi mentre queste parole danzano tra le pagine.

Non sono le parole che guariscono la ferita, carissimi figli di Dio, ma l'emozione dell'amore. Vedete, l'amore è un vecchio impulso elettrico che viaggia su un circuito interno al vostro essere. Si muove liberamente raccontando le sue storie di luce e di risate. Man mano che avanza, gratta via tutti gli errori; eppure, spesso, tu mandi in corto circuito questo gentile messaggero per ragioni sconosciute.

Lascia che ti spieghiamo un po' meglio cosa succede, così vedrai il perdono dal nostro punto di vista. Allora, forse, capirai il messaggio a un livello più profondo di quanto abbia fatto in precedenza. Dici di perdonare, eppure sul circuito dentro di te rimane uno stralcio di rabbia. È palpabile e visibile anche a occhio nudo per chi desidera vedere il paesaggio dell'amore.

Anche ora puoi chiudere gli occhi e, con un breve respiro e una preghiera, ammirare il paesaggio del tuo circuito interiore. Vedi il percorso su cui l'amore trasporta il suo messaggio sincero? Questi circuiti sono più reali di quanto tu possa immaginare e lavorano costantemente per ripulire il regno dagli sbagli.

L'errore corrisponde a una mancanza consapevole d'amore. Eppure, anche questo è impossibile e te ne accorgerai facilmente. Dove potrebbe non esistere l'amore, se non nella tua immaginazione? Dove risiede la tua coscienza, lì ci sei anche tu. Sei un pensiero e, per di più, un pensiero grande e potente. La tua ferma decisione di esistere nell'immaginazione, dove potrebbero esserci spazi senza amore, è come la creazione di un mondo superiore al suo da parte di un bambino. La fantasia è più importante di ciò che è reale? Ancora una volta, solo le tue decisioni contengono la risposta a questa importante domanda. Il modo in cui rispondi determina la prossima direzione da seguire.

Se temi di allontanarti dall'immaginazione per tornare al mondo "reale" dell'amore, della luce e della creazione, allora ti nasconderai per sempre al riparo apparente delle tue fantasie. Tuttavia, se dovessi immaginare un nascondiglio ancora migliore di quello che hai, verresti fuori per verificare se è così? Il mondo splendente che esiste accanto a quello immaginario di paura e pericolo, ti aspetta pazientemente. L'invito resta fermo, scolpito e scintillante, solcato dall'amore che ti esorta a venire.

Tutto quello che hai sempre desiderato è qui, amorevole figlio di Dio! È un luogo interiore ed esteriore, simultaneo in tutte le dimensioni. Ti condurremo a questa realtà se ci mostrerai anche il minimo interesse nello stabilire una nuova residenza per te stesso.

Certamente ribatterai che devi proteggerti stando al riparo. Tuttavia che cosa può mettere in pericolo te che sei l'eterno? Concordi sul fatto che l'unico "pericolo" possibile sia l'indurimento del cuore o l'allontanamento dalla luce splendente dell'amore? Anche questo, però, non provoca né vesciche sulla pelle, né punture, né nuove ferite. Semplicemente, l'oblio che rende possibile la sensazione di dolore in questo mondo ti persuade con immagini di protezione di cui non hai bisogno!

Non indossare una corazza e non armarti per la battaglia, santissimo figlio di Dio. Arrenditi invece alla verità e goditi il sollievo nel prendere le distanze dall'attrezzatura rigida e metallica che ti impedisce di vedere te stesso.

Il tuo potere è eterno e non sarà intaccato dalla mente o dagli uomini. Evocalo immediatamente dentro di te, santo figlio di Dio! Chiedi quali passi compiere per purificare la tua mente e guidarla verso l'ispirazione che ancora una volta ti conduce alla casa eterna. Schiuderai la tua mente all'alba del perdono con un sacro passo alla volta.

Ora ti libererai dei pesi di cui non hai bisogno. I tuoi passi saranno leggeri mentre metti a nudo il tuo cuore così che tutti possano vederlo. Non c'è alcun pericolo all'infuori di te stesso perciò puoi deporre le armi. Questo messaggio di perdono è piuttosto antico, eppure, di questi tempi, è molto efficace.

Chiedici sempre aiuto, dolce figlio di Dio, e stai certo che ti siamo vicini. Se non sai come il perdono possa aprire la cella di una prigione, non perdere tempo per sforzarti di capirlo. Cerca, invece, di approfittare alla svelta della nostra offerta di assistenza. Rivolgiti a noi angeli con il respiro, la mente e il cuore. Raccogli i tuoi desideri in un solo sforzo sincero e chiedici di spazzare via il velo di rabbia e paura del pericolo che ti fa tremare.

Le tue richieste vengono soddisfatte con facilità e il tuo cuore aperto è pronto per la purificazione. Non c'è fretta perché questo accada, eppure, non c'è altro momento che questo. Fai spazio nella tua mente, dunque, e chiamaci ora, mio caro. Gioiamo insieme mentre ridiamo delle tue paure. Liberiamo il tuo cuore e la tua mente. Quando seguirai il gentile sorriso del cuore alleggerito, vedrai che i momenti di evasione non attireranno più la tua attenzione. Sei completamente sveglio e immerso nell'amore che noi condividiamo con te e con il nostro Creatore che è Dio.

Peso

Quando ti chiudi alla consapevolezza della grande luce interiore, ci muoviamo con grazia attorno a te. Ti richiamiamo a casa, ma sei sordo al nostro richiamo. Sei intimorito dal dolore che hai di fronte e tremi constatando che si sta avvicinando sempre di più, man mano che lo guardi in faccia. Come un animale si immobilizza, incantato dal traffico che sopraggiunge, tu esiti e poi scappi per una momentanea salvezza mentre il tuo cuore batte forte nel percepire il pericolo che ti circonda. Ti fai piccolo e ti nascondi dal rombo del traffico e tutto sembra letale e caotico.

Anche se noi angeli cantiamo dolcemente per calmarti dinanzi alla Sua gloria, tuttavia, il baccano del traffico ci rende muti. Mentre dormi in questa monumentale beatitudine che ti circonda, ti tormenti soffrendo in silenzio per questo desiderio che non ti abbandonerà, ti angosci per la pace e per rimuovere l'incessante pressione che ti perseguita sempre, sempre.

Se rincorrendo la gloria trovi solo oscurità, significa che la stai cercando nei posti sbagliati, caro amico! Non vedi lo splendore abbagliante che oscura tutto il dolore e il dispiacere, quella luce inevitabile per tutti i testimoni della sua gloria? Non devi guardare l'oscurità e analizzare il suo dolore perché questo ti causerà solo altre sofferenze. E il baccano! Il vero baccano che questo burrascoso trambusto comporta! Esso corrode la tua stessa anima con un comportamento così crudele che dai le spalle a te stesso con pensieri poco amorevoli che ti fanno abbassare gli occhi in cerca di soluzioni.

La tua risolutezza appartiene alla luce, non alla carne e in cuor tuo lo sai, carissima creatura di Dio. La tua carne si focalizza sulla ferita mortale e ti senti come se Dio non fosse parte della tua essenza. Tu sei Lui e Lui è te, stanne certo! Il bisogno di festeggiare il Suo essere con la bocca e con i denti è solo frutto della confusione nel tuo cuore, il quale cerca l'oscurità nella luce e la luce nell'oscurità.

Deponi gli attrezzi dell'inganno: non ti condurranno alla Sua gloria. Gli strumenti che usi per tormentare la carne non sono che forbici arrotondate che ti trafiggono con la tristezza e ti riempiono con una tale pesantezza che presto il tuo corpo diventerà un'ancora che ti tira verso il fondo. La tua casa è nel cielo, allegra e luminosa come un raggio di sole. Non aspettarti tristezza e non temere che Dio possa arrecarti dolore. Non puoi abbandonarLo in nessuna circostanza, quindi caccia via questi pensieri che ti portano un dolore incessante!

Con il tuo appetito e la tua sete provi ancora più sofferenza, eppure l'anima ha fame solo del sapore della sua casa in cielo. Placa ora questa fame, caro amico, e non coprire il tuo cuore con la carne terrena che ti porta solo ulteriore dolore e pesantezza. Guarda dentro al tuo cuore e lì troverai il cielo che ti aspetta a braccia aperte, vedendo la tua completa bontà splendere in raggi perfetti come il sole, il vero sole.

Sei un essere splendente vestito di un corpo mortale. Eppure, ciò non ti impedisce di accorgerti che ti trovi sulla soglia del cielo. Figliolo benedetto, il sogno mortale è finito e senti le Sue braccia che ti stringono con sicurezza e pace. Non torturarti ulteriormente perché finalmente hai trovato il conforto di cui sei testimone su questa terra.

Innalzati con i tuoi fratelli e le tue sorelle e senti la leggerezza del tuo vero essere mentre Dio ti inonda con i Suoi raggi. Il peso del tuo dolore scompare, così come quello che ti imprigiona dentro a un corpo. Non avere più fame, caro mio, e non pensare che il Creatore ti abbia lasciato sofferente o assetato.

I tuoi bisogni sono pienamente soddisfatti dall'attenzione di Dio per la tua gloria perché, nel farlo, Egli si diletta in modi ingegnosi. Il consacrato terreno d'incontro con Dio è il tuo alimento che ti sprona a sopportare la carne mortale, controllando la sua fame con dolcezza e calore. Ora il corpo eseguirà adeguatamente i tuoi ordini mentre prolunghi il tuo glorioso pomeriggio della vita mortale.

Caro figlio di Dio, trattalo bene. Non usarlo come un ostacolo alla verità, quando ascolti le sue vibrazioni e la sua fame. Non confondere mai i desideri del corpo relativi al Suo grande amore, con il misero aiuto che tu stesso hai creato. Se ricordi che ogni cosa è un riflesso della Sua gloria, saprai come averne cura.

Lo sarà anche la tua gloria ricordando sempre che, in realtà, sei stato mandato qui per uno scopo santo. Coloro che serviranno il più ricco piatto per il Creatore, talvolta troveranno pesante il loro carico. Eppure non temere: Egli ti darà più di quanto ti sia stato chiesto di servire, perché ti aiuta sempre e in qualsiasi modo, anche adesso.

Poggia un orecchio sulla terra e ascolta il brontolio del mondo naturale. Senti i Suoi "passi" gentili che si trascinano per soddisfare i bisogni della terra. Non pensare di essere escluso da questo ordine naturale delle cose perché sei molto amato! Sì, sei un essere divino della Sua inesauribile adorazione. Dio ti adora in ogni momento e ti chiediamo di nutrirti di questo amore. La Sua abilità nel calmare la tua profonda sete è incommensurabile e scoprirai che essa placherà anche il desiderio interiore di pace di cui sei alla ricerca. Il tuo peso e il tuo dolore sulla terra ti lasceranno nel momento in cui ti nutrirai di questa pace. Tu sei tutto ciò che cerchi, e quello è l'Amore. Stai sereno.

Preghiera

Quando ti siedi in tranquillità ringraziando il Creatore per i doni ricevuti, noi ti siamo vicini. Voliamo tra i raggi del cuore di chi condivide con noi le risate e la gioia della vita. Inspiriamo ed espiriamo con te mentre assorbi il nutrimento della preghiera in tranquilla contemplazione. Siediti serenamente, caro amato, mentre ti nutri del silenzioso pasto di cui hai fame e sete. Non devi aspettare un'altra occasione per prendere parte a questo banchetto eterno che ti aspetta pazientemente, perché è qui davanti a te, ora e per sempre.

Quando mediti in silenzio sulle cose che desideri, Dio ascolta e risponde. Non aspetta il tempo di nessuno se non il Suo perché quella è la legge che attraversa il vasto universo. La pulsazione della potente energia di Dio è pacata, eppure, distribuisce la vera essenza di tutte le cose nel posto giusto al momento giusto. Abbi fede nel tempo di Dio, mio caro, e non limitare te stesso contrassegnando con i segni del tuo tempo le prescrizioni che hai presentato a Lui per curare il tuo dolore.

Dio sa, ancor prima che tu glielo chieda, cosa soddisferà i tuoi bisogni e non c'è bisogno di usare una preghiera formale per queste cose. Stai certo che il tempo impiegato nella preghiera va a tuo vantaggio e non a quello di Dio.

Quando ti riposi, riconoscente e rispettoso per l'immenso e straordinario potere che è Dio, ti ristori nel potere insito nella tua mente e nella tua coscienza. Poni la tua mente al centro del Suo cuore e percepisci l'energia pulsante che si diffonde nella tua e guarisce i tuoi pensieri al ritmo eterno e universale.

Quando sei in sincronia con l'energia del Creatore, la tua armonia trova il suo posto accanto a quella della natura e dell'umanità. Il tuo tempo giunge perfettamente sulle nostre ali d'angelo per condurti al momento in cui otterrai le più grandi opportunità di crescita spirituale. Intraprendi queste azioni senza paura, caro amico e, se devi, procedi lentamente nel fango fino al luogo in cui Dio vorrebbe che tu fossi. Prega affinché la consapevolezza nel tuo essere più profondo ti guidi in sicurezza nei luoghi più remoti in cui operare al Suo servizio.

Mentre ti trovi qui sulla terra, sei uno strumento scelto per l'opera di guarigione di Dio. Sei destinato a diventare un creatore coraggioso come Lui. Per compiere il Suo lavoro, devi prima riconoscere che la Sua immagine sei tu. La preghiera ti dà l'opportunità di guardare allo specchio la tua magnificenza e dire: "Sono Lui che è me!".

Preoccupazione

Prima che arrivassi sulla terra il dolore non faceva parte dei tuoi pensieri. Provavi entusiasmo per il tempo che stava arrivando e sentivi il cuore agitarsi perché la tua alba era vicina. Poi, ti sei svegliato tra le braccia di tua madre, hai guardato il volto della pace sulla carne mortale e hai desiderato ricordare quello che sapevi un istante prima. Il ricordo è svanito nel momento in cui hai riconosciuto il terrore scolpito sul sorriso smagliante di tua madre, sorriso che ti diceva che non eri a casa.

Povero piccolo, ci sembri così tenero mentre lotti per riconquistare i momenti più tranquilli del tuo cielo immortale e per riconciliare i due mondi mentre non sei a casa. Procedi gentilmente, caro figlio di Dio. La tua grazia ci delizia e cerchiamo di lenire i tuoi dolori con la certezza che non c'è mai stato un tempo migliore di questo per la tua saggezza sulla terra. Grandi segnali ti aspettano mentre ci incontri nel pensiero e la tua evoluzione è l'eccitante avventura che attende tutti noi.

La tua grazia in questo momento è più santa che mai e ti chiediamo di aggrapparti con forza alla convinzione che Lui ti aspetta, nel momento in cui conservi il potente amore nei tuoi pensieri. Le tue preoccupazioni e i tuoi problemi somigliano a foglie secche sballottate durante una forte tempesta di vento e si sbriciolano sul volto di chi è più forte della loro fragile consistenza. Affida le preoccupazioni e i problemi al vento. Senti la Sua gentile brezza accarezzarti e consolati pensando che come il vento aggira un angolo o una parete, così la Sua mente avvolge ogni problema e ne raggiunge gli angoli più remoti.

Caro amico, svegliati dai tuoi incubi di terrore e vieni con noi all'eterno calore della luce del sole! Il cuore di tutte le preoccupazioni si scioglie nei gentili raggi dell'amore che si irradiano dappertutto per ognuno di noi. Il soave battito del cuore mortale, terrorizzato al pensiero del pericolo e del vuoto, risuona felice al ricordo del suo canto primordiale in un crescendo armonico che fa ballare e danzare.

Lascia che il frastuono della tua mente si calmi fino a diventare un sussurro, così che possiamo intervenire per Suo conto e raccontarti dolci storie sulla tua origine. Permettici di ricordarti la verità immortale del tuo essere, in modo che non avrai più fame e non lotterai contro la sofferenza. Il dolore è un potente gigante solo nella tua immaginazione; quando ti allontani da questa posizione, lo vedi dissolversi in una pozza di ricordi mentre scambi un'immagine di angoscia con un'altra del cielo. Non allontanarti dai ricordi che ritieni importanti, ma portali sempre nel tuo cuore!

Pensa con dolcezza a noi che siamo al tuo fianco. Rivolgiti a noi quando hai bisogno d'aiuto per rimanere ancorato alla piena consapevolezza della verità e dell'amore. Non avere paura che potremmo lasciarti perché non è così, neanche se lo volessimo. Siamo fortezze solide e sicure e lodiamo i tuoi sforzi che ti ricordano la tua casa.

Lascia che lo specchio della tua mente rifletta tutti i ricordi del cielo e che rechi sollievo al dolore, così da sciogliere le preoccupazioni sulla terra. Risana la tristezza che vedi nei pensieri riflessi e guarda la luce brillante e accecante posta dietro allo specchio. Quando lo specchio fissa direttamente la lucentezza, non c'è alcuna possibilità che il dolore si manifesti. La raggiante semplicità di questa mossa logica è nelle tue mani proprio in questo istante.

Senti l'allegra e spensierata risposta della gaiezza che si propaga dalla luce che è in tutti noi. Vi siamo grati per l'apertura a questa terapia e vi amiamo, vi amiamo tutti.

Rabbia

Se provassimo a dirti di sopire la percezione di aver subito un torto da qualcuno, mentre dentro di te la rabbia ribolle come lava incandescente, questa non farebbe altro che trasformarsi in un furore che ti consuma. Ti senti ferito, povero piccolo, e chi siamo noi per dirti che stai sbagliando? In realtà, tu che sei un santo figlio di Dio, non sbagli mai. Tuttavia, potresti aver adottato momentaneamente una prospettiva errata circa la verità.

Lasciaci spiegare: puoi aver creduto che qualcuno ti abbia sottratto l'amore, o negato la sua approvazione o il suo affetto per te. Questo è impossibile, e in cuor tuo lo sai bene. Non c'è amore da sottrarre a una persona che condivide la santità con tutto il mondo. Quando ti senti arrabbiato, stai discutendo solo con te stesso.

"Come fanno a non rendersi conto di quanto male mi stanno facendo?" gridi silenziosamente nei meandri del tuo cuore mentre piangi, brami e desideri un rimedio al tuo dolore. Vuoi che gli altri siano a conoscenza della reale profondità della tua pena. Magari vuoi persino che lo provino anche loro, solo per un attimo, per capire veramente quanto stai soffrendo.

Eppure, ancora una volta, ti ricordiamo che questa è una battaglia contro te stesso e dentro la tua testa. Vuoi davvero vivere in un campo di battaglia, santo figlio di Dio? Sicuramente no, visto che nessun angelo è stato mandato sulla terra per combattere. Dovresti volare sopra la rabbia e vederla come un fiume in piena, un flusso di energia costante sotto di te, non dentro di te.

Puoi creare in questo istante uno spazio interiore in cui può regnare la pace. Anche se non sei pronto a lasciar perdere la rabbia, puoi creare una sacca vuota lungo il flusso della collera. Immagina che sia una bolla d'aria nell'acqua che danza al suono della sua melodia di pace. Osservala riempirsi di uno splendido colore, mentre nuota nel modo giocoso che le è proprio. Adesso prova a vedere te stesso in questa bolla, all'interno del tuo giardino interiore, mentre ti diverti a vagare libero nel tuo spazio interiore. Parti per un'avventura meravigliosa in cui le preoccupazioni per la tua sicurezza restano in secondo piano rispetto alla certezza assoluta che sarai al sicuro per sempre. Senti quanto questa libertà ti sembri giusta, quanto sia naturale nuotare negli oceani della tranquillità. Quando ti immergi nella consapevolezza della libertà, puoi scegliere altri pensieri che galleggino lievi, giocosi e allegri.

Sei libero perché non ti trovi in mezzo agli squali, ma sei circondato dai pesci angelo. Stai nuotando in banchi della tua stessa specie e sei attorniato da altri pesci esattamente uguali a te. Abbi pietà per loro sapendo che procedono innocenti come te.

Se per caso alcuni nuotano nella tua direzione, li perdonerai e continuerai a sguazzare liberamente? Oppure rimarrai stupito e ipnotizzato dalla loro apparente mancanza di ordine e permetterai a te stesso di rimanere pietrificato dallo sguardo sul passato? Se vuoi scorrere in armonia è necessario concentrare l'attenzione sul qui e ora.

Vogliamo aiutarti a riportare all'ordine e all'armonia divini la tua danza vitale e le tue relazioni. Ora guardati attorno con i tuoi occhi interiori e scoprirai che noi angeli nuotiamo con te in perfetta armonia, come un meraviglioso banco di pesci. Siamo connessi a Dio grazie ai pensieri che sincronizzano i nostri movimenti senza sforzo o fatica.

Nuota ininterrottamente con noi, cattureremo i tuoi occasionali vuoti di memoria e la tua vera identità. Ti circonderemo e ti guideremo in una danza continua davanti a Dio e a tutta l'umanità.

Relax

Cari figlioli, la tranquillità è una necessità nutrizionale del vostro corpo ascendente. Veniamo da voi oggi con il nostro gruppo gerarchico per darvi qualche consiglio in merito poiché vediamo che la trascurate da tempo. Vi esortiamo a riconsiderare il vostro atteggiamento mentale che definisce questo stato di relax "carenza di scopo"; in realtà è quasi l'opposto.

Pensa per esempio a una quercia. Non cresce forse ad ogni getto d'acqua? Non fornisce cibo e riparo per molti regni che la ritengono amica? Tuttavia, l'imponente quercia non si sforza costantemente di crescere, ma cerca solo l'equilibrio tra le sue stesse cellule. Se dovesse trarre ininterrottamente nutrimento attraverso le sue radici, il suolo non avrebbe il tempo di rifornirsi prima che la quercia lo prosciughi. La crescita rapida che avviene nel corso degli anni si raggiunge attraverso la lenta progressione iniziale nel tempo.

Anche voi spesso avete il disperato bisogno di una pausa, eppure lo ignorate. Cari amici, quando imparerete che Dio non vi spinge a crescere oltre i vostri limiti? Accomodatevi un attimo tranquilli mentre bevete l'energia delle nostre parole. Vi forniamo il nutrimento per una crescita oltre misura ogni volta che pronunciate il nostro nome. Il tempo che passate seduti non è inutile: vi serve un altro paio di occhi per misurare questa crescita interiore.

Tuttavia, stai certo che quando fai quel che definiresti "niente", noi ci stiamo dando da fare per risistemare i numerosi livelli della tua struttura. In questo modo, quando uscirai dal tuo letargo, ti sentirai rinnovato e avvertirai il tocco di un angelo nel profondo del tuo essere. Sii felice, dunque, dei momenti in cui la tua anima ti esorta a fermarti.

Non pensare che arrestarsi voglia dire non procedere lungo il tuo sentiero dorato. La luce splende più profondamente dentro di te quando non rimbalza nel movimento affrettato di chi la trasporta. Non dire, dunque, che sedersi tranquillo all'ombra fresca nell'erba e assaporare il gusto dell'aria coi tuoi polmoni sia un atto egoista o inutile. È la nostra opportunità per fornirti un riparo sotto lo sguardo fisso del nostro amore.

Concedici la possibilità di rifocillarti, mio caro, mentre splendiamo nella felice consapevolezza del nostro Signore in tutto il creato. Insieme Lo circonderemo, riconoscenti che il lavoro che facciamo insieme su questa terra porta a tutti noi molta gioia!

Ricerca del lavoro

Sappiamo che a volte questa situazione ti rende nervoso, eppure, ci sono dei buoni motivi per cui dovresti esserne felice! Ti accompagniamo nella ricerca della tua vera armonia. Dopotutto, questo è il nostro lavoro e voliamo felici intorno a te quando mescoli la tua gioia con la nostra. Troviamo insieme la pace in questo mondo fatto di piccole cose che accadono quotidianamente. Sei il centro di ciò che è essenziale su questo pianeta perché, dopotutto, c'è solo un essere. Insieme intraprendiamo questo santo lavoro di creazione e così andiamo dritti al nostro argomento.

Quando gareggi con qualcuno e ti butti a capofitto in un qualsiasi lavoro che sembra piacerti, finisci per scontrarti contro un muro dentro di te, perché dove c'è competizione c'è anche una brusca fine. Noi vogliamo ciò che tu desideri per te, caro amico: gentilezza e grazia in un'eternità che trascende tutte le paure terrene. Mettiti comodo e senti davvero le nostre parole a un livello più profondo. Lascia che il nostro amore risuoni dentro di te mentre circondiamo la tua aura energetica con influssi rilassanti che rallentano il ritmo del tuo corpo come il gentile sussurro del vento.

Sei essenziale in questo mondo. Devi percepire questo messaggio nella parte più profonda della tua anima.

Non c'è tempo da perdere nel cominciare ad assumere il ruolo che ti spetta; eppure, noi aspettiamo pazientemente quando ti butti a capofitto in deviazioni secondarie, spinto da alcune attività. Sappiamo che una gioia ancor più grande ti sta aspettando da qualche altra parte dentro di te.

Credi che sia difficile trovare un lavoro su misura per te; tuttavia, pensiamo che proprio in questo istante ce ne sia uno che fa al caso tuo. Non esiste alcun ritardo tra adottare il piano di Dio e creare le giuste opportunità per la sua fruizione. Inchinati a te stesso, gentile figlio di Dio, e ascolta la Sua amorevole voce che ora ti chiama al servizio del Suo piano perfetto. La Sua voce aspetta coloro che passano il tempo a servire; tuttavia, nell'immediatezza celeste, questo servizio non esiste nel modo in cui lo intendiamo noi. La grazia che hai dentro ti connota come Suo umile servo, ma questo rappresenta una posizione privilegiata per tutti coloro che sentono queste parole. Chi si inchinerà davanti alla Sua grazia e diventerà Suo umile servo, si ritroverà colmo di gioia.

Nella Sua stanza non manca niente e tutti quelli che cenano al Suo tavolo, festeggiano per sempre nei Suoi occhi. Anche chi ti protegge è al tuo servizio. Questa comunione spirituale tra voi è l'essenza del tuo lavoro: l'eterna circolazione dell'amore che viene restituito e condiviso tra tutti. Lascia che l'amore ora scorra attraverso te, mio caro e, mentre ti guida dipanandosi come un filo di seta lungo il sentiero, le tue opportunità si arricchiscono della grazia dorata di coloro che ti invitano a unirti a Lui e a servirlo umilmente.

Ti accorgi di avere una vocazione e hai perfettamente ragione, splendido angelo terreno. Infatti, sei chiamato! Colui che ti chiama continua a invitarti con la dolce garanzia che c'è un buona ragione per la tua felicità. Non sbagliare cercandola all'esterno perché è dentro di te, anche adesso. Il tuo lavoro ti offre molti vantaggi e tu, che cerchi la santa grazia in luoghi umili, non la troverai sotto mentite spoglie. La Sua luce splende luminosa dentro chiunque si volti ad affrontarla.

Umile servo di Dio, svolgi il tuo ruolo accanto a coloro che vagano per la terra alla ricerca della Sua gentile grazia. Il tuo lavoro non si trova all'esterno, ma consiste nel prendere la mano a te stesso, che cammini nei panni di un altro fratello o sorella. Qualsiasi persona incontri per la strada non è che un riflesso della tua condizione di servo. Prodigati per il Creatore e vedrai il Suo viso riflesso in tutte le persone che incontri. Nasconditi davanti alla Sua grazia e scorgerai il volto della paura negli altri, proprio come la vedi in te stesso.

Non c'è niente da temere, caro amico; abbi fiducia in noi che ti conduciamo in posizioni perfette, che soddisfano i tuoi compiti celesti. Lascia che le porte sbagliate si chiudano facilmente e non tormentarti costringendole ad aprirsi. Sprecano la tua energia vitale mentre sei sulla terra e non dobbiamo far sbattere nulla davanti a noi finché rispettiamo la Sua gentile saggezza che soffia dolcemente come un vento d'estate.

Sei guidato eternamente, di questo puoi star certo. Egli, che crea le giuste circostanze per te, ti condurrà con gentilezza per tutto il tragitto. Puoi provare la Sua grandezza tenendo la Sua mano mentre ti conduce per vicoli in cui non vedi via d'uscita. Egli che merita totalmente la tua fiducia non ti tradirà né ora né mai. Quando senti la tua gratitudine pulsare sotto ai tuoi piedi, ti assicuriamo che ti trasporterà verso nuovi orizzonti, come le ali di Mercurio.

Dio non ti lascerà mai affamato e non ti farà vivere in ristrettezze, perché sei il carissimo e prezioso figlio di Colui che ti ama eternamente. Renditi conto della tua fortuna e guarda come questa aumenti ogni giorno di più. Il lavoro che fa per te ora è qui e, con il tuo permesso, ti ci condurremo. Cantiamo felici mentre fluttui con noi nella gaiezza del sogno della vita. Goditi la tua essenza, carissimo! Sei un dolce figlio del cielo inviato su questa santa terra e molte cose garantiscono la tua felicità!

Cerca la gioia e noi ti seguiremo da vicino, esortandoti a proseguire lungo la strada. Ricordati sempre che sei molto amato. L'amore, di cui sei un grande esperto, è il tuo lavoro. Amen!

Rimprovero

Non c'è nessun altro al mondo da rimproverare tranne te e questo non è vero. Assumersi tutte le colpe del mondo è un ostacolo per chi percorre per la prima volta questo cammino. È un fraintendimento della legge universale dell'amore. Sì, la causa di tutto il mondo si trova nella tua testa. La soluzione, tuttavia, non consiste nel rimproverarti.

Caro amico, unisciti a noi nel viaggio e guardati dal nostro punto di vista. Purifica l'immagine negativa che hai di te e sappi che tu sei Dio in forma umana. Vediamo che ce la metti tutta e ti senti ostacolato a ogni curva. È come se stessi spingendo muri di vetro che non possono essere rimossi e anche adesso ti impegni così tanto nel cercare di capire le nostre parole, che potresti riuscire ad avere un'immagine del cielo ancora più chiara nel tuo cuore.

Ti chiediamo di smettere per un momento di spingere i muri di vetro che ti circondano e di ascoltare col cuore le nostre parole perché ti stiamo parlando proprio adesso. Ascolta la dolce contemplazione e il fruscio del vento attraverso la mente e il cuore. Guarda quanto sei santo e prezioso: vuoi solo ciò che è nato dall'amore. Desideri pace, felicità e un luogo di riposo e sicurezza per la tua famiglia. Richiedi amore, attenzioni e qualcosa da condividere. Mio caro, questi desideri sono puri e dolci. E di cosa ti preoccupi se ogni tanto li trasformi in brutte copie deformi di loro stessi?

In ultima analisi, tutto il dolore per aver trascurato per un attimo la verità, ti riporta sempre all'attenzione di Dio. Facci caso: ogni cosa che fai è sempre dall'amore, per l'amore e all'amore. Dunque, ridi dei vari modi con cui cerchi quello che hai già e guarda come ogni tanto noi angeli ci divertiamo per i tuoi capricci. Ci preoccupiamo dei tuoi problemi e dei tuoi successi: siamo con te sempre e comunque.

Infine, ti chiediamo di farti indietro e di capire il nostro punto di vista. Siamo sicuri che col tempo ti renderai conto che non esiste niente per cui rimproverarti perché non c'è cosa che possa andare storta.

Scopo

Molti di voi in questo momento sono chiamati a ricordare il loro scopo e potrebbero sentirsi imbarazzati, come se stessero sostenendo una prova finale. Non preoccupatevi, cari figlioli, perché la vostra missione non è complicata. Si tratta solo di guarire voi stessi nella mente e nell'intenzione. Dichiarate questo principio: "Intendo percorrere il più nobile sentiero verso il mio risveglio. Non ho paura di imparare a rendere disciplinata la mia mente e le mie azioni in modo che siano in armonia con la mia vera divinità."

Sì, puoi farcela, nel caso in cui dubitassi della tua capacità di custodire questo nobile luogo dentro di te. Sei in grado di guarire, in qualsiasi modo ti rechi gioia. Vedi, dolcissimo amico, sei una soave benedizione per questo tempo terreno e porti doni celesti da dare agli altri. Sei un fulgido esempio di pace e, attraverso i mutevoli venti del pianeta, ricordi agli altri di far splendere le loro lampade interiori della brillante luce di Dio sul mondo.

Legati all'albero maestro della tua nave, essere angelico. Devi tenerti stretto al centro del tuo essere durante il mare mosso che hai davanti. Finché sarai così avvinghiato, la tempesta non potrà farti cadere dalla tua nave. Ti sosterremo e ti stringeremo col nostro amore, se solo ce lo chiederai. La burrasca sarà rapida e in seguito saranno mantenute le dolci promesse del tuo Creatore, che ti chiede solo di focalizzare la mente e il corpo su questa parola: guarigione. Hai il tuo compito da svolgere, mio caro, e Dio ha il Suo. Non ti preoccupare di ciò che Egli ha in mente perché non c'è pericolo, anche se intorno a te tutto sembra confuso.

Abbi fede. Questa è la parola che ti lega al tuo centro durante le mareggiate che verranno. Abbi fede e insegna agli altri ad avere fede con te. La fine è vicina e, in realtà, è un lieto fine. In alto mare non vi sarà più alcuna notte tempestosa ad aspettare il viaggiatore che ha fede. Nonostante il giorno ti sembri nuvoloso e poco chiaro, tutto presto avrà un senso, mio caro. Quindi ti chiediamo di tenerti stretto e di permetterci di farti strada attraverso mari tempestosi. Dimentica i tuoi dubbi e le paure per quanto ti è possibile, dolce figliolo, e presto la strada ti sembrerà più chiara.

Questa burrasca non durerà un momento più del necessario e anche se un tifone dovesse giungere minaccioso, nessuno di coloro che tra voi ascoltano in silenzio le risposte del Creatore si farà male. Prendi con te tutti quelli che si fideranno delle tue parole perché sarai svegliato in tempo per metterti al riparo. Sappiamo che ti preoccupi per chi sta ancora dormendo e noi faremo del nostro meglio per salvarli. Ma anche quelli che continuano a dormire saranno al sicuro grazie al tuo amore, caro amico, perché attraverso i tuoi benevoli pensieri, hai il potere di dare rifugio e sicurezza a chiunque incroci il tuo sguardo gentile.

Osserva la magnificenza che sei, figlio celeste, e usala con saggezza nei giorni che verranno. Non c'è tempo da perdere con i dubbi che ti spingono a chiederti: "È tutto vero?". Le nostre rassicurazioni riposano nel tuo cuore e, se rimarrai in silenzio, le sentirai risuonare chiaramente. Altri si uniranno a te per venerare questi messaggi e vi radunerete come un esercito per catturare gli anni restanti per la luce. Sveglia quante più persone puoi, caro figliolo, e poi cerca riparo per la tempesta in arrivo. Fidati del Creatore che non ti lascerà mai e gioisci per gli anni a venire.

Scrittura

In questo momento molti di voi si sentiranno attratti dalla scrittura: permetteteci di dirvi uno dei motivi per cui è così. Negli annali c'è il resoconto di un tempo in cui vi erano tanti scribi in un paese straniero. Scrivevano lettere l'uno per l'altro e in questo modo miglioravano il loro livello di comprensione, come gradini che si susseguono. Questa crescita, derivante dalle esperienze altrui, è la spinta esterna degli eoni di energia che si concretizzano in masse di esseri. Essa esplode nelle parole che ora scorrono liberamente attraverso molte mani e mentre ve le scambiate, siete spinti verso l'alto nella spirale del ciclo dell'energia.

È positivo che scriviate, cari figli di Dio, e noi angeli vi benediciamo quando cercate di condividere ciò che avete prodotto. Vi chiediamo di non aspettare che gli altri vi domandino cosa volete confidare, ma fatelo liberamente così che tutti possano scaldarsi al bagliore della gloria di Dio, scritta dalle vostre mani. Avete molto da donare, è vero, e non vorremmo distogliervi da questo flusso che in modo naturale spinge le parole sulla carta attraverso la mente e il corpo. Date, date e date ancora, cari esseri! Regalate le vostre parole e beneditele quanto più vi giungono liberamente.

Non temere che il tuo pozzo si svuoti e che gli altri ti feriscano se offri loro le tue parole. Esse sono portatrici di bellezza e non di conflitto con i cieli. Non devi costringerle ad agire perché, una volta nate dalla Mente di tutte le Menti, salpano per una rotta autonoma. Condividi la sua luminosità quando ne condividi la progenie sotto forma di parole. La luce brilla così sfavillante, come uno specchio sotto il sole di mezzogiorno; chi lo tiene non pensa a dove si concentrano i fasci di luce, ma semplicemente alla felicità derivante dal loro riflesso.

Concentrati quindi sulla gioia che proviene dal cuore delle parole e si irradia verso l'esterno all'infinito, all'infinito, all'infinito come il Creatore che è un tutt'uno con noi. Non gettare ombre sulla luce pensando alla rotta migliore da seguire. La tua mente non conosce limiti all'eccitazione di irradiare e catturare i raggi di luce. Usa questo entusiasmo. Usalo nel migliore dei modi perché la tua energia è un'onda increspata che può proseguire o infrangersi a seconda delle tue scelte.

Consentici di seguire la traccia della scelta di usare l'energia, come un tedoforo che porta la luce in un mondo oscuro. Ci raduniamo intorno al tuo entusiasmo con la nostra gioia, posandoci sui tuoi pensieri e immaginandoli in un cerchi dal raggio sempre più ampio. Osserva le circonferenze che si toccano e si muovono mentre spingi fuori in modo innocuo l'amore dal tuo cuore attraverso i pensieri e le azioni. Mentre le cose che scrivi avanzano nella luce, stai certo che suoneremo allegramente per metterle in musica, il che amplia ulteriormente il cerchio della luminosità. La luce affiderà al mare le tue parole e le condurrà lontano per tutti quelli che ne hanno sete.

La tua azione è compiuta grazie al tuo intento di suscitare emozioni nel cuore degli altri con passione e splendore mentre essi guardano la luce. Usa questo amore nel miglior modo possibile, mio caro, e ti faremo salire di un ulteriore raggio sopra al frastuono della grazia mortale. Non avere paura: noi non ignoriamo le azioni umili compiute nel nome dell'umanità. Ti portiamo più in alto di quanto possa fare qualsiasi uomo, quindi stai certo che saremo accanto a te in ogni modo. Siamo i tuoi angeli in nome di Dio e ti auguriamo pace e amore all'infinito.

Separazioni

Talvolta una relazione si incrina e questo porta i due partner a separarsi. Ciascuno in silenzio si chiede se la rottura è stata la cosa più giusta da fare. Dal nostro punto di vista, questi rimpianti fanno sanguinare e soffrire il cuore. Se scegli di porre fine a un rapporto, ti chiediamo di interrogarti con sincerità sulle motivazioni e di sottoporre la decisione a Dio. Dopo esserti arreso, è fondamentale che tu non riviva più il momento della separazione, altrimenti infliggeresti un dolore senza fine a un santo figlio di Dio (te stesso, l'altra persona e chiunque ne sia coinvolto).

Riprendersi dalla fine di una relazione non è doloroso; spesso, tuttavia, vediamo gli uomini soffrire perché è ciò che ci si aspetta da loro. Già, la fine di una relazione è come la morte, pertanto deve essere accompagnata dal dolore. In fondo, però, la sofferenza non comporta necessariamente quella disperazione che siamo abituati a vedere nei vecchi film in bianco e nero. Può essere una buona occasione per prendere delle decisioni su te stesso.

Grandi cambiamenti nascono da grandi dolori. Possiamo suggerirti, quindi, di sfruttare l'opportunità di una separazione, non importa se ponderata, inevitabile o accidentale, e di usare questa energia vitale per tenere un diario della tua vita. Scrivi tutto quello che ti viene in mente, per capire quanto sei andato lontano soprattutto grazie a quest'ultima relazione. Ti accorgerai così del suo valore, che continui oppure no.

C'è sempre un altro modo di vedere una situazione; ti chiediamo di porre tutti i tuoi sforzi nel raccogliere la legna buona da ardere.

Sogni

Usi il termine "sogni d'oro" per differenziarli dagli altri. A volte il giardino dei tuoi pensieri cresce esageratamente e può sembrare che la natura faccia fiorire piante perenni che catturano tutta la tua attenzione. Cos'è questo lasso di tempo che chiami "sogno" se non un'opportunità di fiorire nelle distese selvagge del tuo cortile interiore? È la tua mente che alla luce sembra scura, ma ospita un ambiente perfetto affinché le rigogliose foreste dell'immaginazione possano liberarsi e crescere sempre di più.

Dunque, vedi che la mente si esercita nelle ore di sonno mentre noi dipingiamo visioni davanti al suo occhio per farla divertire? Tu cresci proprio per questo. La generosa apertura della tua mente è un'opportunità per mostrarti il suo funzionamento. Una volta protetta ci permette di dipingere sulle tue tele per illustrarti ciò che vogliamo. La ricchezza dei suoi colori intensifica la natura dei nostri interventi sulla mente affamata di guarigione.

Usa i sogni con saggezza e cerca sempre di sfruttarli come interventi benefici. Ogni sera ribadisci le tue intenzioni con questa preghiera:

"Carissimo Dio, questa notte cerco di espandere la mia coscienza attraverso gli interventi dei Tuoi angeli nei paesaggi della mia mente. Affido a Te cuore e mente aperti, così che tu possa guarire i limiti del mio pensiero e volgere la mia attenzione alla verità."

Poi, attendi la conferma che la tua preghiera sia stata realmente ascoltata, dal momento che riversiamo su di te notizie d'amore piene di riconoscimento, così potenti che posso essere sentite da tutti. Le vibrazioni del tuo sonno ci fanno entrare nel momento in cui possiamo offrirti i nostri insegnamenti sullo sfondo di una narrazione, e guidarti gentilmente così che tu possa mantenere impresso il nostro intervento nella tua mente in stato di veglia.

Gioisci dunque che è così, caro amico. Che l'aiuto di Dio sia inevitabile è vero. Tuttavia, per molti, il Suo supporto suona a vuoto attraverso pensieri contaminati e occupati da speranze e paure. Le ore notturne rappresentano la più grande opportunità per i nostri interventi più profondi!

Usale con saggezza, come diciamo noi, per favorire tutti i desideri di successo che servono al tuo scopo sulla terra. Cerchiamo di guidarti in ogni modo e aspettiamo il tuo invito per ispirarti e infonderti amore. Il tuo più grande potere si sta rivelando anche adesso. Riesci a sentirlo? Coglilo attraverso l'intervento angelico dei tuoi sogni e svegliati ristorato sapendo che il meglio è possibile. Afferra questa fantastica relazione tra angelo e uomo e andate insieme verso le buone nuove nei sogni notturni.

Solitudine

La porta del tuo cuore che permette all'amore di entrare può sembrare vuota quando ti dimentichi che questo flusso sta scorrendo. Quando guardi da un'altra parte, puoi desiderare che quel vuoto venga riempito con più sostanza credendo così di soddisfare il tuo desiderio. Tuttavia, questo desiderio non è altro che la sete per il nostro Creatore celeste che risiede eternamente in ogni luogo. Ciò che credi sia vuoto, in realtà è completamente riempito ben oltre la sua capacità, anche adesso.

Caro amico, pensi che Dio ti lascerebbe senza guida mentre credi di camminare tra gli alberi e la gente della terra? Credi forse che non ti condurrebbe in ogni istante verso l'unica persona che ha bisogno del tuo amorevole conforto, proveniente da Colui che ama entrambi in questo istante e per sempre?

Sei così tanto amato che la tua coscienza è solo un bagliore rispetto al sorriso che è dentro al tuo cuore. Non comprendi la tua grandezza e, quindi, ti volti dall'altra parte per non guardarla, per paura di provare soggezione davanti alla brillantezza che splende dentro te. Osserva la tua grandezza, essere prezioso! Non dare le spalle alla luce che illuminerà il tuo vuoto riempiendolo di un amore così vero ed eterno che non è paragonabile a niente, in nessun luogo e in nessun tempo! Tieni la sua sostanza in un caldo abbraccio perché il tuo vuoto può essere riempito solo con l'amore, l'amore eterno e puro che scorre dentro di te fino al midollo.

Cara e santa creatura di Dio, guardati intorno e vedi i riflessi del Suo amore per te ovunque. Non devi vedere la macchia sull'uscio che ha rovinato il tuo soggiorno sul pianeta Terra, ma la porta aperta dell'eterna fratellanza con tutti quelli che incontri. Qui ci sono amici per te in ogni strada, devi solo cercarli.

Quanti amici desideri? Chiedi e ti verranno dati oggi stesso! Le relazioni che cerchi cominciano dentro di te, in comunione con il tuo santo Io. Unisciti a te stesso e impegnati ora in questa collaborazione. Poi porta con te la solenne promessa che hai fatto a te stesso anche quando vai al mercato, e fai splendere la sua santità su chiunque incontri.

Il dolce soffio di questa grande luce splendente è inconfondibile per tutti quelli che guardano verso di te e riflettono il Suo sguardo d'amore nella tua direzione. Senti la voce che ti chiama come fosse la tua e unisciti ai tuoi fratelli nel felice ricordo della vostra santa collaborazione.

Fermati un istante e senti tutto il vuoto sciogliersi. Non porti niente in questo mondo che non abbia chiamato tu. Ciò che si possiede, ti possiede a sua volta e così ti imploriamo di fare attenzione quando affermi che gli altri non sono testimoni di niente se non del tuo amore. Scorgi in loro solo ciò che vedrai in te stesso e scegli accuratamente le parole quando conversi con qualcuno.

Individua un punto nel tuo santo cuore per l'amicizia ed essa giungerà. Liberati di tutte le recinzioni che ti difendono dall'amore perché sei disposto a lasciarlo entrare in cambio di un accordo sul suo costo. Mio caro, ora stai certo che la Sua eterna sicurezza si mescola con le tue preoccupazioni di protezione.

L'amore non può mai fare del male e la tua richiesta di amicizia è ascoltata. Dai modo alla grazia di prendere il controllo e vedrai riflesso un amico che ben si intona alla tua risonanza. Sei un amico per tutti noi che in cielo ti apprezziamo molto. Ti inviamo la compagnia perfetta per segnare questa santa occasione di aprire ancora di più il tuo cuore al Suo amore santo e benedetto.

Sonno

Giungiamo da te durante il sonno nella felice consapevolezza di tutto ciò che fai ogni giorno. Sospendiamo i tuoi dubbi e le tue preoccupazioni cullandoti con il nostro amorevole abbraccio. Forse pensi che ci riferiamo solo al sonno notturno, ma sai che i momenti di sonno possono avvenire anche quando sei sveglio? Quando la tua vista si annebbia per il sonno e tu perdi la conoscenza del mondo, entriamo nella tua mente per dirigere il tuo sguardo di nuovo su di noi.

Nel più dolce riconoscimento dei tuoi cugini terreni, ti ricordiamo della loro vera casa, che poi è la tua. Ti allontaniamo da ciò che fa male alla tua carne terrena e ti svegliamo in un altro mondo, fatto di luoghi lussureggianti e passatempi gentili. Dal nostro punto di vista, i periodi di veglia sulla terra sono, in realtà, momenti di sonno. A volte sparisci, eppure teniamo la tua mano attraverso quel sipario che sottilmente divide il tuo mondo da ciò che c'è da questa parte. Facciamo un passo indietro e ti vediamo danzare e giocare tra i mortali, mentre suoniamo una dolce musica di sottofondo per cullarti tutto il tempo.

I tuoi antichi rituali possono stupirci, ma non ti abbandoneremo mai mentre ti impegni in un simile gioco. Aspettiamo pazientemente il tuo felice ritorno nei momenti di sonno terreno e poi ripartiamo dal punto in cui, in piena coscienza, abbiamo fermato precedentemente il nostro tempo insieme. Vedi, mio caro, dal nostro mondo la tua sonnolenza ci indica che è giunto il momento di far cristallizzare nei tuoi pensieri un nuovo modo di guardare le apparenze. Saltiamo dentro di te con impazienza quando abbassi la guardia e riorganizziamo le cose secondo i tuoi desideri e le tue preghiere.

Non pensare che lo facciamo senza il tuo benestare, mio caro, perché la legge di Dio ci vieta di intervenire se non lo desideri, tranne in caso di pericolo. Procediamo sempre con cautela e siamo più arditi solo quando lo desideri. Aspettiamo il tuo invito, piccolo angelo della terra, e anche le minime richieste di intervento sono sempre garantite. Stiamo dietro e davanti a te mentre proteggiamo il tuo cammino e spostiamo con cura la tua attenzione verso l'interno e verso l'alto, così che la tua prestigiosa connessione con il Creatore possa illuminare il Suo sentiero verso il centro del tuo vero essere.

Le occasioni in cui ti senti ferito vengono usate come utili lezioni, quindi non averne paura. Esse permettono ai raggi di Dio di irradiarsi all'esterno sugli altri come un punto su una mappa del tesoro che li chiama a casa. Caro amico, confidiamo che tu ci apra il tuo tempio nei momenti di sonno per proteggerti e guidarti. Confidiamo che il Creatore fornisca, secondo i tuoi ritmi, la lezione perfetta che diffondiamo nella felice consapevolezza del nostro più sacro dovere nei confronti dell'Altissimo.

Inginocchiamoci insieme e rendiamo grazie per i momenti in cui ci uniamo in silenziosa comunione gli uni agli altri. Questi momenti che tu chiami “sonno” sono per noi i più belli che trascorriamo insieme a te su questa terra.

Stanchezza

Ti senti stanco, caro amico? Schiacciato dai pesanti bagagli della vita sulla quale hai caricato molti fardelli? Concediti un attimo di tregua: mentre immetti aria dolce e gentile nei tuoi polmoni, noi spargiamo l'ossigeno con la nostra tenerezza. Desideri ardentemente un periodo lontano dalle tue pressioni, eppure, ti rifiuti di donare a te stesso questa gioia.

Ci sediamo stupiti mentre ti guardiamo sottometterti più e più volte intimidito. Ti convinci a continuare questa schiavitù, il che dimostra la sua natura anomala. Tuttavia, senza rilassarsi, l'umanità non può crescere. È giunta l'ora di sederti a riflettere su ciò che ha valore nell'universo. Quando trascorri del tempo da solo con il Creatore, il tuo cuore batte al tempo allegro del Suo ritmo universale.

I segni del tempo si manifestano presto, cari figli di Dio, e acceleriamo il vostro risveglio attraverso questi preziosi momenti di silenzio. Tuttavia, ci affanniamo a seguire ognuno di voi mentre continuate ad avanzare. Vi esortiamo a rallentare e a riposare in silenzio quando rimanete senza fiato mentre proseguite nel mondo.

Scorgiamo l'ombra della paura impressa sulla tua fronte sudata e ciò ti impedisce di soddisfare il tuo desiderio di silenzio, dolce silenzio. Corri, vai di fretta e ora sei stanco. Eppure, sii felice per questo momento di stanchezza, carissimo figlio di Dio. Mentre riposi la mente e il corpo esausti, ci sdraiamo accanto a te e ti raccontiamo le nostre storie.

Non sarai stanco a lungo se ci chiamerai regolarmente. Il tempo degli angeli non è come quello degli uomini e, quando siamo vicino, a te, siamo testimoni della tua voglia d'amore attraverso il nostro sguardo fisso su Dio. Avvicinati a noi, dunque, per soddisfare tutti i tuoi desideri. Cibati del nostro nutrimento, direttamente dal Creatore, e dona al tuo cuore provviste costanti.

Un cuore che beve eternamente il flusso dell'amore del Creatore non vuole nient'altro. La tua fame svanisce e le provviste, di cui potrai sempre godere, sono rifornite ogni volta che è necessario. Sì, è vero: ti meriti questo piacere e puoi concedertelo, quindi non rimandarlo di un solo momento.

Qualsiasi cosa tu stia facendo adesso, è lecito interromperla. Noi angeli saremo pronti mentre ti concedi il meritato riposo. Respira nell'amore del Creatore mentre costruiamo un ponte del cuore tra la mente di Dio e la tua. Lo percorrerai più velocemente adesso perché saprai quando sei solo ed è il momento di riunirti a Lui. Paragona ogni attimo della giornata a questo momento di ricongiungimento con il Creatore e non permetterai mai più a te stesso di essere lontano da Lui nella tua santa mente.

Le preghiere costanti sono tutto ciò che ti si chiede per rimanere stabilmente su questo ponte. Un incessante flusso di pensieri dalla tua mente alla Sua scorre senza tregua in questa unione luminosa. Tu e Dio siete una cosa sola, uniti anche tra noi angeli. L'incessante flusso d'amore è meraviglioso da donare e da vedere e il tuo cuore desidera questo, anche adesso. Bevi, bevi, bevi, dolce figlio di Dio! Bevi finché il tuo cuore non sarà sazio d'amore. Non smettere mai di riflettere sulla tua situazione ma galleggia nell'amore perché è lì che si trovano le risposte.

La quiete di questo amore ti accompagna durante il giorno e calma la tua mente in ogni circostanza. Affida a Dio i tuoi pensieri: non desidererai altro. E non ti stancherai.

Stress

Schiacciato dalla vita, la schiena piegata sotto il peso che spinge l'essere mortale sull'orlo del baratro: lo stress che provi ci preoccupa. Ti chiediamo di deporre i tuoi fardelli e prendere noi al loro posto. Avverti la leggerezza delle nostre anime sul dorso mentre ti liberiamo dai problemi che ti feriscono. Sentici danzare sulla tua schiena e sfiorarti la spina dorsale mentre ti alleggeriamo di preoccupazioni centenarie che hai caricato su te stesso. Sono secoli che ti sorreggiamo e continueremo a farlo per sempre. Siamo con te in ogni istante, non preoccuparti.

Ti ricordiamo che quando ti trinceri dietro alla tensione, ti fortifichi in qualcosa di spesso come una corazza, come un gesso che avvolge il tuo corpo. Sebbene indossi questa armatura per proteggerti, essa è una barriera che noi non possiamo attraversare se non per un pericolo mortale. Lasciaci abbattere lo scudo che blocca il nostro accesso alla tua vera anima.

Questo distacco non ci provoca dolore, eppure cerchiamo una maggiore vicinanza con te. Condividi con noi i tuoi dolori e raccontaci le tue storie tristi. Rivolgiti a noi con la tua sofferenza così ribalteremo la tragedia. Ti promettiamo di allontanare da essa la luce e di ridonarla a te.

Sappiamo che a volte hai paura, che il caos getta scompiglio nella tua vita come un essere che sparge fango su un pavimento appena pulito. Dacci una scopa e puliremo volentieri la tua vita! Non ti rendi conto di quanto sia estesa la profondità del nostro amore per te? Lavoriamo tutti insieme su questo livello mortale e non siamo nemici in tempi di stress. Eppure, vediamo che incolpi Dio per i tuoi tanti mali.

Ci sono momenti in cui ti senti solo, senza amici e non amato: lo vediamo nel tuo cuore. Irradiamo il nostro amore in te, ma tu non riesci a sentirlo. Non riusciamo a fornirti abbastanza nutrimento se erigi delle strutture per proteggerti dalla paura e da altre sensazioni simili. Non temere di sentire, carissimo! Quando pensi che il tuo cuore si spezzerà mostrando un briciolo di emozione in più, proprio allora ti siamo più vicini che mai!

Solo per una volta, affidati ai tuoi sensi nei momenti di tristezza e sentirai le nostre gentili emozioni al tuo fianco. Quando piangi ti baciamo sulle guance e accarezziamo il tuo essere con le nostre amorevoli ali. La tua anima non ci ha mai lasciato, e non potremmo mai abbandonarti! Permettici di toccarti con la grazia e la misericordia di Dio che ti coprono di delicata gentilezza e di ondate d'amore. Caro figliolo, non hai mai lasciato il Suo grande e potente cuore.

Siamo qui per ricordarti le chiavi che hai dimenticato e poi gettato via. La prima chiave è che nei tempi mortali non c'è luogo in cui la follia possa sostituire la pace del cielo. La seconda è che, nonostante la tragedia sia ovunque intorno a te, il tuo cuore batte ancora a ritmo del Suo amore. La terza è che noi siamo qui per servirti, proprio come tu faresti con noi tornando alla brillante consapevolezza che Dio è dentro al tuo cuore. La quarta è che, per miliardi di anni, abbiamo cercato di conoscerti meglio e ora troviamo un riscontro che ci porta a vivere insieme tempi felici. A questo è legata la quinta chiave: la paura può essere un trampolino verso l'amore se solo affronterai la sua verità, sapendo che tu sei l'amore che Dio ha posto qui per splendere sugli altri.

Ti chiediamo di ricordare queste chiavi non solo nella mente, ma anche nel cuore, luogo in cui vennero poste nel momento in cui tutto ebbe inizio. Esse sbloccano ciò che sembra magico, ma è perfettamente disposto dal volere di Dio. Abbi fede nel tuo Creatore, figliolo adorato, e vedrai l'impronta della Sua mano su tutte le cose di questo universo mortale.

Non cercare l'amore in luoghi ingannevoli, ma fai splendere i Suoi raggi dal tuo cuore verso ogni essere che trovi sulla terra. Sei un messaggero, dolce angelo, e lo stress che senti cade come una finta maschera indossata per errore, per una falsa protezione. Non circondarti con una corazza mortale, ma irraggiati verso l'esterno così che tu possa bere dalla Sua essenza con il tuo stesso respiro.

Donati in nome di Dio e sentiti protetto dall'Amore. Non c'è alcun pericolo o insicurezza e sei benedetto nel Suo santo nome. Ti siamo riconoscenti per aver ascoltato le nostre parole con il tuo cuore, perché noi siamo i tuoi angeli e ti consacriamo con il nostro onore e amore celeste.

Tempo

Per caso l'orologio che hai al polso regola la tua rabbia? La posizione delle sue lancette ti spinge a pensare che devi correre veloce come la lancetta dei secondi? Ti osserviamo mentre ti lasci rincorrere dall'orologio e ci fermiamo a pensare a questa situazione sulla terra.

Ti chiediamo di considerare la logica che si nasconde dietro a questa azione. Non è forse vero che sprechi molta energia per stare al passo con l'incessante ticchettio dell'orologio? Non ti accorgi che, mentre le lancette non possono essere fermate, il corpo umano ha bisogno di riposo e di attenzioni costanti?

Vi chiediamo, quindi, di prendere in considerazione la gara che avete imposto a voi stessi contro la macchina del tempo. Quando guardiamo nei vostri cuori, non troviamo una sola anima che sia d'accordo con questa competizione spericolata tra mente e macchina. Eppure, anche se tutti concordano sul fatto che l'orologio sia uno spietato dittatore, non c'è nessuno tra voi che affermerà ciò che è ovvio.

Chi tra voi detta legge? Chi affermerebbe per primo che questo dittatore del tempo ha causato agli uomini mortali solo paura e dolore? Noi, che viviamo in un tempo celeste, stiamo consapevoli che gli orologi gravano pesantemente sulle vostre anime. Vi imploriamo di esaminare la vostra angoscia quando sfidate le lancette che, senza fermarsi o riprendere fiato, continuano a girare.

Sei destinato a piacevoli pause, non a imitare un orologio che ti possiede e imbriglia la tua immaginazione creativa. Quello che strozza le ore della vita lascia la fantasia umana priva delle sue ambizioni. La creazione non nasce da una pressione, ma da una gioia infinita che si manifesta nella celebrazione della sua magnificenza.

Il divertimento e il riposo sono la soluzione. L'allegra consapevolezza della tua atemporalità immortale dovrebbe concederti una pausa per riflettere sull'inutilità dell'imprigionare il tuo cuore in secondi, minuti e ore. Chi bisogna soddisfare se non il tuo Io interiore che è Dio? La regolazione del tempo ritarda l'inevitabile felicità che ti porta a casa da noi. Non aderire a una rigida puntualità, ma tieni il tuo orologio da polso alla luce e guardalo riflettere la sua brillante atemporalità. Niente può misurare ciò che è inalterabile come la luce che adesso è su di te.

Solo per un'ora, non prestare attenzione allo strumento di misura che porti al polso. Non permettere ai pensieri relativi al tempo di stazionare nella tua mente o sulle tue labbra. Guarda come i ritmi della tua essenza rallentino fino a una tranquillità che dà vita ad altre idee. Non appena apri la tua rete alla nostra fonte, il cielo può aiutarti con una pioggia di nuovi pensieri, rallentando i tuoi fino a una nuova misura del tempo.

Siamo qui per aiutarti, la rete che impedisce ai nostri pensieri relativi alle origini di entrare può essere allargata ancora di più, se lo vuoi. Dì semplicemente: "Caccio via l'ombra delle preoccupazioni relative al tempo!" e vedremo aperture più ampie che ci permetteranno di entrare per fugare ogni dubbio sulla tua richiesta di liberarti del tempo. Caro amico, fai bene a ribellarti a questo sistema che ti ostacola. Chiedici di aiutarti a liberarti delle ore e dei minuti che ti svuotano.

Chi potrebbe dividere una vera creatura di Dio in tanti piccoli pezzi di gloria? Non si può fare l'impossibile. Non ridurre le tue illusioni su un altro essere in brandelli di obbedienza, perché diventi il servo di un padrone che non ti conosce. Segui il volere di Dio e il tempo andrà avanti da solo. Non ti preoccupare: arrivare tardi, se non al cospetto di Dio, non è causa di trepidazione. La Sua promessa non dà origine all'amore, piuttosto che alla paura? Non temere di essere in ritardo per ciò che è reale dal momento che brilla eternamente su di te dalla Sua grazia.

Tradimento

Caro amico, qual è il nocciolo del tradimento? La sensazione di essere sminuito o non amato? In realtà la persona che ti ferisce sta tradendo solo se stessa. Ha involontariamente lanciato un sasso in uno stagno creando increspature che ti hanno colpito con un profondo dolore, al posto di un chiaro riflesso d'amore. Ora, vuoi tradire ancora una volta te stesso lasciando alle spalle la tua vera natura? Mettere a fuoco la tua sofferenza servirà solo a farti soffrire di più, prezioso figlio di Dio. Focalizzare la tua attenzione su questo dolore, ti tormenta più di quanto possa fare qualsiasi altra persona.

Lasciati il dolore alle spalle, caro figliolo! Non continuare a tradirti camminando sul sentiero della contemplazione dolorosa. Non rendi giustizia a nessuno tenendo tra le mani una situazione dolorosa. Devi guarire. Purificarti dalla sofferenza ti aiuterà sia a liberare la tua coscienza sia a sbarazzarti della profonda ferita causata da un tuo caro che ti ha deluso.

Guardaci mentre ci raduniamo in cerchio attorno a te e osserva come ci avviciniamo e aumentiamo di numero. Le nostre ali sono spiegate come il gigantesco bordo di un vassoio attorno a te e ti chiediamo di porre le tue mani rivolte verso il basso su questo ventaglio di ali. Permettici di riscaldarti attraverso i palmi con il nostro amore. Senti come facciamo planare gli squilibri della tua energia verso un luogo di pace e sicurezza con il nostro continuo movimento.

Attraverso le dita puoi allontanare la rabbia dalla mente, dal cuore e dallo stomaco e affidarla a noi. Consegna a noi tutte le emozioni tenere e dolci: l'amore che provi ti è stato sottratto dal tradimento di un tuo amico. Affidaci la sensazione di stupidità che provi perché pensi che avresti fatto meglio a non fidarti della sincerità di questa persona. La sensazione di aver perso il tuo tempo in una relazione che non porta da nessuna parte. Caro amico, sappiamo come ti senti.

Anche se condividiamo i tuoi dolori e ci facciamo carico dei tuoi problemi, non perdiamo mai di vista il fatto che, in realtà, non esistono né tradimento né dolore. La vera connessione del cuore tra te e l'altra persona ha registrato per sempre tutti i momenti d'amore che ha aggiunto all'universo. Quell'amore, mio caro, non potrà mai essere distrutto e non c'è bisogno di rimpiangerlo.

Non hai fatto niente di male e sei il prezioso figlio dell'amore fiorente di Dio. Anche se ognuno di voi talvolta inciampa sulla terra come un bambino piccolo che muove i primi passi, sia Dio sia noi angeli sappiamo che gli ostacoli sono inevitabili. Non devi rimproverare te stesso o un altro per i passi falsi e le cadute che a volte capitano, neanche quando sembrano premeditati.

La consapevolezza che spingerebbe qualcuno a tradirti è la stessa goffaggine che porta a cadere bambini e fanciulli. La verità interiore di quella persona è che la totale padronanza dell'amore non condurrà mai alla competizione, alla manipolazione o al tradimento. Ti chiediamo di essere paziente con te stesso e con gli altri perché voi tutti svilupperete la completa maturità emozionale.

Caro amico, sii disposto a perdonare e a chiudere un occhio, anche se dai retta al tuo istinto interiore che ti avvisa di tenerti alla larga da un altro essere sulla terra. Sei stato messo qui per un motivo, santo figlio di Dio, e non preoccuparti di dover sacrificare la tua felicità per instaurare una relazione.

Quando guarirai attraverso il perdono e la liberazione purificatrice, attirerai spontaneamente nella tua vita quelle creature che ti rispetteranno come tu rispetti te stesso. Il resto viene da sé, mio caro, e il tuo percorso di crescita, sebbene ricco di passi falsi e cadute, per noi è una buona occasione per osservarti. Ti amiamo tanto e ti chiediamo di non dimenticare mai la tua vera casa in cielo nel cuore di Dio, sempre con noi.

Vuoto

Com'è possibile che un santo figlio di Dio, pieno di risorse, si senta vuoto? Hai perso di vista le tue ricchezze e quindi credi di essere stato privato dei frutti a cui aspiri? Non ti giudichiamo per questo errore, ma cerchiamo di spostare il tuo pensiero sulla verità che possiedi e che condividi felicemente.

Non c'è niente da cercare al di fuori della tua santità. Questa affermazione può sorprendere quelli che ipotizzano che ci sia un vuoto e credono di doverlo riempire. Cosa cercheresti di raccogliere che non è già in tuo possesso? Le ricchezze del regno sono installate nel profondo della tua anima. Non c'è niente che tu possa ricevere che ti renderebbe più pieno di quanto non sia già. Non c'è niente che tu possa dare via che potrebbe impoverirti, dal momento che sei eternamente santo.

Il pensiero di una mancanza dà modo di sperimentarla, quindi, ti invitiamo ad affidare a noi questa percezione, così possiamo purificarti dai residui di dolore. Il potere con cui sei capace di disprezzare le tue condizioni attuali è l'essenza della santità che estirpa tutti i desideri che ti porterebbero nell'ombra, e non al successo. Usa la tua potente volontà in piena sintonia con la Sua santità poiché questa attira ciò che serve per sostenere le necessità interiori dell'uomo.

Eppure, la natura del pensiero che si arrovella sulla necessità aumenta l'illusione della mancanza. Caro amico, sbarazzati di ogni riflessione che ti offre immagini fredde della vita che conduci. Condividi il Suo desiderio di conservare per te un'immagine celeste del tuo sogno terreno? Allora affida a noi i tuoi problemi in modo che possiamo destinarli alla purificazione. Non nascondere niente alle nostre amorevoli braccia perché tireremo via dal tuo potente amore tutti i pensieri dolorosi.

Ora, con tenerezza, rivela a te stesso la verità della tua gloria e della tua saggezza. Guarda ora, illuminato da noi, il riflesso del tuo Creatore che annulla la visione del vuoto e ti riempie d'amore fino a traboccare. Chi ha sete beva a lungo dalla Sua fonte e rifornisca il suo essere con un nutrimento santo. Sei amato con tutto il cuore e in ogni modo ti invitiamo a dare a te stesso, proprio come il tuo Creatore adesso cerca di offrire a te.

Affida a noi i tuoi dolori e problemi e abbandonati in libertà, che è il tuo unico vero desiderio. Innalzati nella celeste consapevolezza di questa abbondanza che è tua e concedi a noi la dolcezza di stabilire con te una comunicazione permanente. Godiamo della tua felicità che è piena come il nettare di un frutto maturato al sole. Credi nella tua abbondanza, mio caro, e non cercherai altro che te.

PARTE SECONDA

Comunicare, Guarire e Vivere con gli Angeli

Introduzione

Che tu voglia comunicare con gli angeli o solo ascoltare più chiaramente i loro consigli divini, puoi seguire alcuni passi per metterti in contatto con questi esseri celesti. Il primo consiste nel voler conversare con loro. Le nostre intenzioni, in qualsiasi campo, sono il punto di partenza per tutto quello che sperimentiamo. Dunque, se nel cuore e nella mente mantieni l'intenzione di comunicare con gli angeli, stai certo che succederà.

Tutti possono entrare in contatto con loro, nessuno escluso. È un errore credere che sia necessario avere un dono particolare, essere un prescelto o un sensitivo per sentire la voce di Dio e degli angeli. Dal momento che Dio ci crea tutti uguali, abbiamo tutti gli stessi doni.

Siamo costantemente circondati dagli angeli e il nostro Io superiore è unito a questi esseri celesti e a Dio attraverso l'unica mente universale che è la totalità. Non devi aggiungere niente a te stesso per sentire i messaggi divini. Più che altro si tratta di rimuovere le paure, i dubbi o le tensioni che potrebbero bloccare i tuoi occhi e le tue orecchie spirituali. Fortunatamente, gli angeli sono molto contenti di aiutarci a eliminare queste barriere: tutto quello che dobbiamo fare è chiedere.

Una volta che avrai abbandonato qualsiasi ostacolo interiore lungo il tuo cammino, riceverai in modo naturale, chiaro e diretto i messaggi divini. Successivamente, potrai amplificarne il volume e la chiarezza apportando piccole modifiche al tuo stile di vita e all'ambiente in cui vivi. Ancora una volta, gli angeli ti aiuteranno passo dopo passo.

Nelle pagine seguenti ho descritto alcuni metodi che ho trovato particolarmente utili per sbloccare la comunicazione spirituale. Molti di questi mi sono stati insegnati dagli angeli. Noterai che essi si rivolgono direttamente a te in alcune delle pagine che seguono. Certo, ci sono molte strade per comunicare con loro, così come tante sono le vie lungo il cammino spirituale. I tuoi angeli ti guideranno verso i metodi più adatti a te. Probabilmente, ti divertirai a creare il tuo personale stile di comunicazione.

Dal momento che la gioia è l'emozione degli angeli, proverai un piacere immenso nel connetterti coscientemente con questi esseri celesti.

– Dott.ssa Doreen Virtue

♥ ♥ ♥

Sei circondato dagli angeli

Una volta, mentre pagavo i miei acquisti ai grandi magazzini, ho notato tre spille dorate a forma di angelo sul maglione della commessa della cassa accanto. Ho fatto i complimenti alla donna per i suoi gioielli e la sua collega, che stava battendo la mia spesa sul registratore di cassa, ha commentato: “Forse dovrei cominciare a portare anch’io spille simili: magari diventerò fortunata come lei!”.

“Fortuna!” ho pensato tra me e me non appena ho incrociato lo sguardo della donna che le indossava. Lei mi ha fatto l’occhiolino con aria complice, sapendo che la “fortuna” non gioca alcun ruolo nei miracoli che accadono lungo il cammino, quando inviti gli angeli nella tua vita. La donna mi ha spiegato che aveva sperimentato, per ben due volte, nel grande magazzino la protezione dei suoi angeli. Dapprima, il portafoglio che le era stato rubato fu ritrovato intatto a un’ora dall’accaduto. Poi, un intero scaffale carico di vestiti pesanti che le stava finendo addosso aveva miracolosamente cambiato direzione cadendo in un altro punto.

Mentre io e la commessa ci scambiavamo storie di interventi angelici, la donna che avevo di fronte spalancava gli occhi sempre più. “Io ho degli angeli?”, voleva sapere; poi aggiunse: “E come posso fare perché aiutino anche me?”.

Ogni volta che invitiamo gli angeli nella nostra vita, ne traiamo beneficio. Per familiarizzare meglio con quelli che si trovano tra voi, cominciamo a esaminare i diversi ruoli che possono assumere. Tre sono le categorie di angeli che ci aiutano sulla terra.

1. Angeli custodi

Tutti ne hanno uno, nessuno escluso. Ho incontrato persone che dubitavano di meritarsi un angelo custode. Sappi che con te ce n'è uno, te lo garantisco! È l'angelo che sta sempre con te, dalla nascita fino al tuo ritorno in cielo. Il suo amore per te è incondizionato ed è più grande di qualsiasi altra cosa sulla terra. Si accerta che tu sia sempre al sicuro.

Gli angeli custodi, a volte, vengono confusi con le "guide spirituali". Una guida spirituale è un essere amorevole che ha vissuto sulla terra in forma umana. Questa persona ha poi ricevuto un addestramento speciale nell'aldilà su come diventare una guida spirituale, ha imparato a non interferire con il tuo libero arbitrio e a non prendere decisioni per te. È lì per consigliarti, confortarti e, a volte, avvertirti e proteggerti. La maggior parte delle guide spirituali è composta dai nostri cari scomparsi come i nonni, i fratelli e le sorelle, gli amici più cari e i genitori. La tua guida spirituale potrebbe essere venuta a mancare prima che tu nascessi. Comunque, questo essere amorevole era presente quando sei venuto al mondo e da allora è stato con te ogni giorno della tua vita. Come per te sarà sempre vivo l'interesse per la futura progenie della tua famiglia, così è per i parenti scomparsi, che potremmo non avere mai incontrato in carne e ossa.

Le guide spirituali agiscono in qualità di angeli custodi portando tanti doni nelle nostre vite. La differenza principale è che i veri angeli custodi, che non hanno mai camminato come mortali su questa terra, hanno una frequenza di vibrazione energetica più alta. Le persone empatiche, che riescono a "sentire" una presenza spirituale, possono spiegare la palpabile differenza tra un angelo e una guida spirituale. I chiaroveggenti vedono che le aure degli angeli sono di un bianco brillante, mentre quelle delle guide spirituali non sono così luminose e potrebbero tendere al bluastro.

2. Angeli

Sono gli esseri della luce che rispondono alle nostre richieste di aiuto, assistenza, protezione e conforto. I pensieri d'amore di Dio creano gli angeli. Sono qui per aiutarci, specialmente se il nostro intento è quello di portare gioia e guarigione nel mondo. Chiedi tanti angeli quanti ne vorresti attorno a te. Chiedi che circondino i tuoi cari, la tua casa e il tuo lavoro. Sono molto contenti di aiutarci; in cambio ci invitano solo a ricordarci, una volta ogni tanto, di ringraziarli, come riconoscimento del loro aiuto.

3. Arcangeli

Costoro sovrintendono gli angeli custodi e gli angeli sulla terra. Potresti paragonarli a dei "dirigenti" all'interno della gerarchia terrena degli angeli. Puoi rivolgerti a loro ogni volta che hai bisogno di un'assistenza potente e immediata.

Dal momento che gli angeli sono esseri puramente spirituali, non hanno limiti di tempo o di spazio. Un arcangelo può aiutare contemporaneamente più persone situate in diversi luoghi geografici. Dunque, non avere paura di chiedergli aiuto perché credi che il tuo bisogno non sia "grande abbastanza" o che egli possa essere occupato. La tua richiesta d'aiuto è dolce musica per le sue orecchie.

A causa della "legge del libero arbitrio" gli angeli e gli arcangeli non possono intervenire nelle nostre esistenze a meno che non siamo noi a richiedere esplicitamente il loro aiuto. L'unica eccezione alla regola è una situazione che mette a repentaglio la nostra vita e in cui potremmo morire prima del tempo. Altrimenti, sta a noi ricordarci di invitarli costantemente.

Gli angeli e gli arcangeli vengono in tuo aiuto nel momento in cui li chiami. Non devi usare un invito formale o una preghiera rituale e non devi neanche formulare la tua richiesta d'aiuto ad alta voce. Basta il pensiero "Angeli!". Se la tua richiesta di assistenza è sincera, appariranno in risposta alla chiamata, spesso prima ancora che tu abbia finito di invocarli!

♥ ♥ ♥

Gli arcangeli

Ogni arcangelo si specializza in una condizione umana diversa. È utile imparare la funzione di ciascuno di loro, così saprai chi chiamare in caso di bisogno. Qui c'è una sintesi dei ruoli e dei nomi dei quattro arcangeli principali:

1. L'arcangelo Michele, il cui nome significa "Chi è come Dio" o "Colui che assomiglia a Dio"

Spesso lo chiamiamo "san Michele", specialmente da quando Papa Pio XII lo nominò patrono ufficiale degli agenti di polizia e dei soldati. Non c'è da stupirsi: Michele è il difensore della luce e della bontà; il suo compito principale è quello di allontanare i peccatori in modo che non possano ferire altra gente. Michele e gli angeli che lo aiutano, conosciuti come "La Compagnia della Misericordia", portano le persone malvagie (viventi o scomparse) al cospetto della luce di Dio dove le loro menti guariscono.

Rivolgiti a lui ogni volta che sei spaventato da fonti maligne. Per esempio, se ti trovi in un posto affollato, frequentato da persone che ti turbano, chiedigli di spazzare via l'energia negativa. Se hai il sospetto che uno spirito terreno primitivo sia con te, Michele può portarlo alla luce.

Allo stesso modo, ogni volta che le preoccupazioni e le paure ti opprimono, chiedigli di purificare la tua mente e il tuo cuore. Gli angeli possono entrare nel profondo dei nostri corpi e pensieri e ci aiutano a vedere le cose da un punto di vista migliore.

Nei dipinti, Michele viene spesso raffigurato con in mano la bilancia della giustizia, in qualità di protettore della verità e della correttezza. Se senti che qualcuno ti tratta ingiustamente, pregalo di intervenire. Sperimenterai una soluzione miracolosa: improvvisamente, l'altra persona ti chiederà scusa o cambierà atteggiamento.

Michele può anche aiutarti a risolvere situazioni allarmanti. Gli ho chiesto aiuto quando mio marito, che ha il suo stesso nome, cercava disperatamente un file digitale per un importante documento. Aveva paura di aver cancellato accidentalmente il documento poiché non riusciva a trovarlo da nessuna parte. Nel frattempo, seduta accanto a lui, ho chiesto l'intervento di San Michele. In quell'istante, ho visto apparire un'alta figura dietro alla spalla sinistra di mio marito, che sembrava trafficare con il computer. Neanche un minuto dopo questa visione, mio marito ha esclamato: "L'ho trovato!".

È una buona idea invitare l'arcangelo Michele in ogni stanza della casa o dell'ufficio che sembra avere un'energia negativa. Per esempio, se vivi in un edificio abitato in precedenza da gente triste, prega Michele di depurare l'ambiente. Io gli chiedo sempre di purificare l'energia all'interno degli auditorium in cui tengo i seminari. In questo modo si crea un'atmosfera rilassata e piacevole sia per il pubblico che per me.

Ogni volta che sei infelice, rivolgiti all'arcangelo Michele per ristabilire la pace e l'armonia. Se mai dovessi attraversare un quartiere in cui, per qualche motivo, non ti senti sicuro, invocalo affinché ti guidi e ti protegga. Puoi pregarlo di intervenire nei rapporti difficili o nei matrimoni a rischio. Pensa a lui come al protettore della gioia e saprai sempre quando è ora di chiedergli aiuto.

2. L'arcangelo Gabriele, il cui nome significa "Eroe di Dio" o "Dio è la mia forza"

Gabriele è il famoso angelo che disse alla Vergine Maria della sua imminente maternità e che, in un secondo momento, comunicò la notizia della nascita di Gesù dicendo: "Ecco, vi annunzio una grande gioia[2]."

È l'ambasciatore di Dio che ci annuncia gli eventi futuri, i cambiamenti all'orizzonte e le nuove esperienze in serbo per noi. È di grande aiuto ai messaggeri umani, compresi i giornalisti e i corrieri.

I genitori in attesa e quelli che vorrebbero esserlo possono chiamare Gabriele nelle loro vite per vigilare sul concepimento e sulla nascita di un bambino. Qualsiasi altra persona coinvolta in un nuovo progetto come l'avvio di un'attività, un cambio di lavoro o di residenza, farebbe bene a chiedergli un aiuto e un consiglio.

---

2. Ndt: Per la traduzione degli estratti del Vangelo, si è scelto di consultare La Sacra Bibbia, *Edizione Ufficiale della C.E.I. Edizioni Paoline s.r.l., Cinisello Balsamo (Milano), 1987, per le soluzioni tecniche e grafiche; Conferenza Episcopale Italiana s.r.l., Roma, 1974, per il Testo Sacro. Il passo in questione si trova in Luca 2: 7-14.*

Egli porta una boccata d'aria fresca nelle relazioni deteriorate e nelle attività in perdita. Invocalo per far rivivere una qualsiasi area della vita che ti sembra "bloccata": riceverai idee innovative e nuove opportunità che ti aiuteranno a rimetterti in moto.

Le leggende attribuiscono a Gabriele la rivelazione delle profezie sul Messia a Daniele, del Corano a Maometto e dell'ispirazione della sua missione a Giovanna d'Arco. Di conseguenza, molte persone lo ritengono responsabile delle visioni, dei sogni e delle rivelazioni. Chiedigli aiuto per interpretare un qualsiasi sogno che ti sembra incomprensibile.

3. L'arcangelo Uriel, il cui nome significa "Luce di Dio"

Uriel porta la luce divina nelle nostre vite. Ha la straordinaria capacità di guarire i ricordi dolorosi e trasformare i dispiaceri e gli sbagli in modo da farci sentire più forti e più amorevoli. Chiedigli di farsi carico dei pesi del passato: libererà istantaneamente il tuo cuore e la tua mente dalla severità con cui tratti te stesso e gli altri.

Questo arcangelo ci aiuta a vedere l'amore in situazioni in cui sembra non esserci. Se hai un rapporto difficile con i colleghi, con il capo o con i clienti, chiedi a Uriel di aiutarti. Egli ti condurrà con le altre persone su strade miracolose che ti faranno scoprire la bontà che alberga in ognuno di noi. Con il suo aiuto puoi dimenticare ciò che ti ha fatto arrabbiare o ti ha reso timoroso con gli altri, a cominciare dai tuoi colleghi!

La tradizione narra che Uriel avvertì Noè dell'imminente diluvio. Questo arcangelo ci aiuta durante le calamità naturali, come i terremoti, i tornado e le piogge torrenziali. Chiedigli di venire in tuo soccorso ogni volta che hai paura in situazioni del genere. Può consigliarti di spostarti altrove o di mettere in sicurezza la tua casa. Aiuta anche le famiglie a rimanere sane e salve durante questi disastri ambientali.

Allo stesso modo, se la tua vita sembra un enorme terremoto, pregalo di orientare la tua mente e i tuoi pensieri per ritrovare la serenità d'animo. Uriel è bravissimo nel salvarci dalle crisi autoinflitte e ci aiuta anche a impostare una vita equilibrata e serena.

Ci permette inoltre di realizzare i nostri sogni e obiettivi. Ci aiuta in tutto e per tutto: ci dà buone idee, ci incoraggia, ci motiva e ci aiuta a fare chiarezza sui beni materiali necessari al nostro progetto. Invitalo a diventare il tuo partner, qualunque sia il progetto su cui stai lavorando.

4. L'arcangelo Raffaele, il cui nome significa "Dio guarisce"

Raffaele è il responsabile di tutte le forme di guarigione. Sovrintende alla salute della terra e dei suoi abitanti, guida e aiuta le persone impegnate nelle discipline mediche come i dottori, i medici, gli infermieri, gli psicoterapeuti, gli ecologisti e gli scienziati. Costoro possono chiedere assistenza supplementare all'arcangelo Raffaele, che è ben felice di aiutarli!

Se svolgi una professione che ha a che fare con la guarigione, avrai voglia di invitare questo arcangelo nella tua vita. Se non sai come comportarti con un paziente, Raffaele sussurrerà al tuo orecchio il consiglio giusto. Ci fornisce anche la creatività e le informazioni necessarie per poter guarire velocemente gli altri. Interviene nelle emergenze sanitarie per garantire che "coincidenze" miracolose organizzino, al momento opportuno, il giusto personale e le attrezzature adeguate. È molto bravo nell'aiutare gli scienziati a fare passi avanti nelle ricerche mediche. Pertanto è saggio pregare affinché Raffaele venga in soccorso delle questioni che turbano la comunità scientifica.

Coloro che vorrebbero diventare guaritori sono i beniamini dell'arcangelo Raffaele. Egli sa che la terra ha bisogno di un gran numero di persone speciali e aiuta miracolosamente questi aspiranti guaritori a intraprendere la professione scelta. Raffaele ti supporterà nella scelta della scuola migliore per te e ti suggerirà metodi creativi per mantenerti agli studi. Affidagli tutti i dubbi e le preoccupazioni relative alla tua futura carriera di guaritore. Per lui è più facile aiutarti quando sei libero dalla tensione e dalla paura.

Se tu o un tuo parente siete ammalati, Raffaele è l'arcangelo a cui chiedere aiuto. Vi fornirà gli strumenti necessari per invocare la guarigione a meno che la malattia o la morte facciano parte di un progetto divino superiore. Se lo invocherai, potrai ricevere idee, pensieri o ispirazioni che ti daranno le informazioni giuste per aiutarti nella guarigione. Presta attenzione alle risposte alle tue preghiere ispirate dagli angeli. A volte non intervengono per guarirci ma ci conducono verso un aiuto umano in caso di malattie o incidenti.

Qualche volta Raffaele potrebbe farti notare che sono stati i tuoi pensieri a innescare i problemi di salute. Per esempio, potrebbe chiederti di affidare a lui un antico rancore per liberare il tuo corpo dai danni provocati dai suoi effetti velenosi. Dopo avergli consegnato il tuo risentimento, ti sentirai soddisfatto come se ti fossi sbarazzato del giornale di ieri. Una volta che la rabbia sarà passata, il tuo corpo proverà sollievo dal dolore: ecco ancora una volta la sua leggendaria guarigione.

Raffaele emana una bellissima luce abbagliante verde smeraldo. Questo è il colore della guarigione e dell'energia proveniente dal chakra del cuore. Quando ti rivolgi a lui il tuo occhio interiore potrebbe vedere un bagliore di questo colore che ti circonda come una pioggia gloriosa di luce splendente. Avverti che le tue cellule si abbeverano da questa sorgente dissetante e ti senti rinvigorito e completamente guarito da questo nutrimento d'amore.

Raffaele ha anche una seconda caratteristica: guida e protegge i viaggiatori di ogni sorta. Che tu stia facendo un viaggio spirituale o stia per imbarcarti per l'Europa, chiedigli aiuto per spianarti la strada.

Per gli angeli e gli arcangeli, nessun lavoro è "piccolo" o "grande". Tutti i miracoli hanno la stessa importanza agli occhi di queste creature che ci amano con l'intera potenza divina. In cambio chiedono solo la nostra gratitudine e la condivisione della loro devozione a Dio. Ci esortano inoltre a vivere la nostra vita con gioia e dedizione.

Gli angeli della natura

L'antico testo spirituale, il Talmud, recita: "Ogni filo d'erba ha un angelo vicino che gli sussurra: 'Cresci, cresci'."

Immagina allora quanti angeli ci sono nel tuo giardino o nel parco sotto casa. Ogni filo d'erba, fiore, albero, granello di sabbia e goccia di pioggia ha uno o più angeli che seguono il suo ciclo di vita. Sono anche conosciuti con il nome di deva e fate. Queste minuscole entità provvedono alle esigenze della natura cantando splendidi inni.

Durante le mie sessioni di terapia degli angeli, spesso essi raccomandano ai miei assistiti di trascorrere più tempo nella natura. Uno dei motivi è il suo rapido effetto benefico. Immaginati seduto all'ombra di un albero, circondato da erba e fiori. Supponi di fare un profondo respiro e di meditare sulla gloria di Dio che in questo momento è dentro e intorno a te. Visualizza gli angeli della natura mentre ti coprono di carezze guarendo ogni cellula del tuo corpo e ogni pensiero della tua mente. Senti il gentile tocco del loro abbraccio affettuoso, mentre immagini di goderne la compagnia.

Se mi sento bloccata, esaurita o affaticata, un breve soggiorno in un ambiente naturale ripristina la mia vitalità e il mio modo di vedere le cose. Prova a trascorrere un po' di tempo in un ambiente naturale che ti regali un po' di solitudine, come un lago o una spiaggia in riva all'oceano, una montagna, un sentiero o una foresta. Può bastare anche un appartamento con un balcone pieno di piante.

Gli angeli della natura vivono tra la flora e nel regno minerale, poco importa dove.

Prima di posare i piedi sull'erba o sulla terra, avvisali mentalmente, in modo che possano spostarsi dal tuo percorso. Informali anche se stai per annaffiare o tagliare l'erba. In realtà, niente può ferirli poiché non hanno un corpo fisico. Non provano paura o avversione poiché sono puro amore. Tuttavia, mostrerai gentilezza e considerazione nei loro confronti se avranno il tempo di scansarsi dal percorso dei tuoi passi o del tosaerba.

Anche gli animali hanno degli angeli. Il tuo cane, il gatto, l'uccellino e altri animali domestici hanno due o più angeli custodi. Puoi comunicare con loro ogni volta che abbracci, accarezzi o giochi con il tuo amico animale. Senti la speciale energia di questi angeli meravigliosi.

Probabilmente, converrai con l'idea che nella tua famiglia il tuo animale funga da angelo. Molti animali svolgono il compito assegnato da Dio di offrire consolazione, conforto e compagnia a noi umani. Quelli domestici svolgono anche il compito celeste di assorbire lo stress di casa, proprio come un filtro dell'aria che aspira il fumo da una stanza. Gli angeli, come il tuo animale domestico, si nutrono di amore e di affetto. Chiedono poco ma danno in cambio tanto.

♥ ♥ ♥

Invocare gli angeli

Mi capita a volte di vedere persone circondate da una cerchia di angeli. Le fermo sempre per chiedere se li hanno chiamati volutamente. La risposta che ricevo è: "Certo, ho chiesto io di esserne circondato." Più chiediamo il loro aiuto, più numerosi accorrono.

Gli angeli hanno voglia di stare intorno a noi. La nostra gioia è per loro un piacere immenso e desiderano fortemente aiutarci. Tuttavia, non possono farlo finché non glielo chiediamo. Una legge universale che gli angeli devono rispettare dice: "Nessun angelo dovrà interferire con la vita di un uomo se non espressamente richiesto, con l'unica eccezione di un'emergenza che metta a repentaglio la sua vita. Non dovrà prendere decisioni al posto di un individuo, ma, quando richiesto, potrà offrire consigli e punti di vista diversi da cui guardare una determinata situazione." Un angelo, dunque, può sostenerti o incoraggiarti e creare per te una miracolosa coincidenza, ma non può aiutarti a meno che non sia tu a scegliere di accettare la sua assistenza perché godi del libero arbitrio.

Per chiedere il loro aiuto, non è necessario recitare una preghiera formale: Dio e gli angeli non sono complicati poiché la loro natura è fatta di amore puro e semplice. Solo il nostro ego inferiore crede che la spiritualità sia per forza oscura poiché non riesce a credere che qualcosa di così grande e potente possa essere immediatamente accessibile a tutti. Eppure, è proprio così.

Gli angeli ascoltano le preghiere del tuo cuore e basta un'intima richiesta d'aiuto perché ti circondino. Puoi chiedere che attornino te o un tuo caro. I genitori possono chiedere loro di custodire i bambini guidandoli e proteggendoli durante il giorno. Se una persona a cui tieni è in viaggio, chiedi a Raffaele e agli angeli di accompagnarlo. Puoi pregarli di aiutare i tuoi amici bisognosi di una guida e di conforto.

Di seguito, trovi alcuni dei modi per rivolgerti agli angeli.

- **Scrivere una lettera.** Apri il tuo cuore parlando dei tuoi disordini, delle tue ferite e delle tue ansie. Non tralasciare niente in modo che gli angeli possano aiutarti in ogni caso e situazione.
- **Creare un'immagine mentale.** Chiamala come preferisci: occhio interiore, immaginazione o terzo occhio, non ha alcuna importanza. Rappresentarli mentalmente è un modo efficace per chiamarli al tuo fianco. Visualizzali mentre volteggiano intorno a te o ai tuoi cari. Vedi potenti angeli che si radunano intorno a te. Immagina la stanza in cui ti trovi affollata di migliaia di angeli. Queste rappresentazioni mentali sono invocazioni angeliche che creano la tua realtà.

  Gli angeli risplendono della luce dell'amore, quindi, non hanno una forma fisica. Tuttavia, per venire incontro alle nostre esigenze, possono assumere sembianze fisiche proiettando su di noi un'immagine mentale. Perciò, se immagini i cherubini come grandi creature luminose o come una donna elegantemente vestita, gli angeli assumeranno queste sembianze per aiutarti a riconoscerli.

- **Chiedere aiuto mentalmente.** Pensa: “Angeli, per piacere, aiutatemi” e loro saranno subito da te. Se la tua richiesta è sincera, gli angeli la accoglieranno. Puoi pronunciarla come un’affermazione: “In questo momento ho centinaia di angeli che mi circondano” o come una preghiera: “Sono in difficoltà e ho bisogno del vostro aiuto.” Puoi rivolgerti a Dio affinché mandi i suoi angeli o puoi invocarli direttamente.
- **Parlare con gli angeli ad alta voce.** Puoi formulare esplicitamente la tua richiesta; a volte lo facciamo inconsciamente come quando, in situazioni difficili, esclamiamo “Oh Dio!”. Potresti scoprire che trascorrere del tempo da solo in un ambiente tranquillo, soprattutto all’aperto in mezzo alla natura, costituisce un’ottima opportunità per avere una vera conversazione con gli angeli.

♥ ♥ ♥

Sai che gli angeli sono vicini quando...

Percepisci la presenza degli angeli. Forse senti il loro tocco lieve e caldo sul tuo viso, sulle spalle, sulle mani e sulle braccia. Potresti avvertire il loro abbraccio o l'ala che sfiora delicatamente la pelle. Quando gli angeli entrano in una stanza cambia la pressione atmosferica. L'aria si fa più densa, come se una nuvola soave entrasse per proteggerti dal calore. Forse percepirai una variazione della temperatura nella stanza oppure potresti sentire il profumo di una fragranza inebriante che non riesci bene a identificare. Quando ti abbracciano, senti un calore profondo scorrerti nel petto e il tuo cuore gonfiarsi di amore celeste.

Vedi la loro presenza. I loro biglietti da visita sono ben visibili. Una scintilla di luce bianca, blu o verde, vista con la coda dell'occhio, ti segnala che un angelo è vicino. Un'ombra luminosa che si muove così in fretta da farti domandare se è frutto della tua immaginazione, è un altro segnale. Gli angeli meravigliosi che vedi in una stanza buia, accanto a un tuo caro amico o a un insegnante, confermano che sono venuti a farti visita.

Senti la loro presenza: un sussurro affettuoso che ti sprona a migliorare la tua vita; un urlo inconfondibile che ti raccomanda di stare attento; una voce nella testa che ti consiglia di puntare in alto; i dolci motivi musicali usciti dal nulla. Questi sono i suoni che producono gli angeli.

Riconosci la loro presenza. Quando improvvisamente hai un'idea che rivoluzionerà totalmente la tua vita, un angelo ti ha appena recapitato un messaggio da Dio e l'ha riposto al sicuro nel tuo cuore. Quando hai la sensazione inconfondibile che gli angeli siano vicini a te, fidati: è così.

Vivi la loro presenza. Quando ti avvertono di una tragedia imminente o quando, "per caso", una porta si apre per te al momento giusto, sai che dietro le quinte gli angeli ti stanno aiutando. Quando cammini in mezzo alla natura sentendoti libero e pieno di gioia, puoi stare certo di avere gli angeli accanto a te.

♥ ♥ ♥

Calmare la mente

Il nostro angelo custode ci parla in continuazione e ci offre consigli e assistenza. Quando chiediamo un aiuto straordinario ed evochiamo più angeli al nostro fianco, riceviamo un flusso ancora più regolare di messaggi divini.

Tuttavia, dobbiamo riconoscere questa assistenza celeste nel momento in cui arriva, ancor *prima* di ricevere aiuto. Talvolta le chiacchiere e i rumori riempiono a tal punto i nostri pensieri da impedirci di sentire la voce dolce e affettuosa degli angeli. Il forte baccano dei pensieri riguardo le bollette, la famiglia e le responsabilità sovrasta la voce più delicata degli angeli. Ne ignoriamo anche i messaggi quando ci sembrano inadatti ai nostri attuali scopi. Per esempio, se ti invitano a rilassarti e a divertirti, potresti ignorare il loro consiglio, rispondendo: "Non ne ho il tempo."

Molte persone mi dicono che fanno fatica a meditare. In alcuni casi credono di non avere abbastanza tempo, in altri casi, nel momento in cui cercano di farlo, la loro mente vaga o si addormentano.

Sebbene la meditazione favorisca l'ascolto dei messaggi degli angeli, non è una pratica indispensabile. Ci sono altri modi per calmare la mente abbastanza da sentire le loro voci.

Per esempio, puoi frenare il corpo, le emozioni e i pensieri stando a contatto con la natura. Se prendi l'abitudine di guardare con regolarità fuori dalla finestra di casa, dell'ufficio o dal finestrino della macchina per apprezzare un paesaggio, una nuvola, un albero o il cinguettio degli uccelli, sentirai una straordinaria quiete dentro di te. Focalizza lo sguardo e i pensieri sul miracolo della natura che hai davanti agli occhi e senti il cuore gonfiarsi di riconoscimento e gratitudine di fronte a questa bellezza. Se riesci a trascorrere del tempo in mezzo alla natura i benefici saranno ancora migliori. Andare in campeggio o praticare escursionismo sarebbero il massimo, ma anche un pranzo in un parco o sulla sponda di un ruscello possono bastare a ristabilire una connessione con la Madre Terra, con gli angeli della natura e con i tuoi angeli custodi.

Un altro modo per calmare la mente e il corpo è fare due o tre respiri lenti e profondi. Respira quanta più aria possibile e tienila nei tuoi polmoni per un totale di cinque o dieci secondi. Quindi, espira lentamente. Ripeti il respiro, ma questa volta immagina di respirare piacevoli sensazioni di relax, gioia e pace. Quando espiri, immagina di rilasciare lo stress, la tensione e le preoccupazioni.

Stai in-spirando te stesso con questi respiri profondi. In altre parole, ti stai riempiendo della luce dello spirito. Dannion Brinkley, l'autore di *Ritorno dall'Aldilà*, Edizioni My Life, che ha vissuto due esperienze pre-morte, una volta mi disse che il mondo degli spiriti comunica con noi attraverso i respiri. Quando respiriamo velocemente e in modo superficiale, la comunicazione è meno efficace di quando respiriamo profondamente. In sostanza, il respiro è il nostro modo per chiamare casa: il cielo!

Per calmare la mente, le filosofie orientali insegnano a creare l'immagine mentale di un grande lago di acqua cristallina. Focalizza la tua attenzione al centro, come se fossi sospeso sott'acqua e respirassi facilmente mentre osservi l'acqua intorno a te. Guarda come i granelli di sabbia sospesa affondano lentamente verso il fondo del lago. Man mano che la sabbia cade, l'acqua si fa sempre più limpida e calma. Senti che il corpo e la mente si adeguano a questa quiete e le paure e le preoccupazioni cadono delicatamente.

Anche l'esercizio fisico ha un effetto calmante. Alcuni studi mostrano come, dopo un allenamento energico, la nostra chimica cerebrale funziona meglio. Dopo l'esercizio fisico, il cervello produce maggiori quantità di serotonina, quel neurotrasmettitore che modifica l'umore e l'energia. Durante l'allenamento, molte persone registrano un aumento di idee e di ispirazioni. Probabilmente, l'aumento della frequenza respiratoria porta a questa sorta di in-spirazione. Prova a fare trenta minuti di camminata veloce, di bicicletta o di qualsiasi altro sport all'aria aperta e vedrai che comunicare con gli angeli ti verrà naturale, sia durante che dopo l'esercizio. È più facile sentirli quando sei da solo, specialmente in mezzo alla natura. Tutti abbiamo bisogno di una pausa dal resto del mondo per rigenerare la nostra energia e raccogliere i pensieri. Quando la tua mente non è impegnata in attività terrene, prendi un appuntamento quotidiano per trascorrere del tempo con te stesso. Che tu sia nella posizione meditativa del loto o impegnato in un'attività creativa come la pittura, il canto, la danza o il giardinaggio, prenditi del tempo per comunicare con gli angeli.

Come sentire i messaggi dei tuoi angeli

Non tutti percepiscono le voci degli angeli come suoni udibili. Molte persone ricevono i messaggi divini attraverso mezzi non verbali come le visioni, le sensazioni o le intuizioni.

La facoltà di sentire la voce di Dio e degli angeli è detta *chiarudienza*, che significa "udire con chiarezza". La voce può sembrare la tua o essere diversa. Può provenire dall'interno del tuo corpo o della tua mente, o dall'esterno. Quando l'angelo mi avvisò che mi avrebbero rubato la macchina, la sua voce mi sembrava giungere da un rotolo di carta posto al di fuori del mio orecchio destro. Durante la trascrizione dei messaggi di questo libro, ho sentito le loro parole sia dentro che fuori dalla mia mente.

Potresti sentire una voce debolissima e chiederti poi cosa abbiano detto. In questi casi, vai avanti e chiedi di ripetere il messaggio. Dì loro: "Parlate un po' più forte, per favore." Gli angeli apprezzano un tuo riscontro perché vogliono fornirti un'assistenza chiara e comprensibile.

Di primo acchito, potresti credere che la voce sia frutto della tua immaginazione o di un tuo pio desiderio. Ciò accade quando cominci a interagire consapevolmente con gli angeli. Pensi: "Questa è solo una fantasia. *Vorrei* che mi aiutassero davvero, ma forse sto facendo qualcosa di sbagliato e non mi considerano."

Modifichiamo questo modo di pensare attraverso la fede, la fiducia e la pratica. Se la tua fede negli angeli è incerta, chiedi aiuto a Dio. Prega: "Per favore, aiutami ad avere più fede. Sono disposto a liberarmi di tutte le paure che mi impediscono di avere piena fiducia." L'universo divino soddisfa sempre le richieste di questo tipo.

Le voci degli angeli ci offrono affetto e supporto continuo, anche quando ci segnalano pericoli imminenti o scelte sbagliate. Come psicoterapeuta, sono stata abituata a credere che ascoltare le voci fosse un segno di follia. Tuttavia, è la voce dell'ego l'unica fonte di "follia". I suoi messaggi sono sempre distruttivi, offensivi e impulsivi. Per esempio, potrebbe provare a convincerti che non ce la farai. L'ego cambia idea costantemente, quindi ti dirà di fare una cosa il lunedì, un'altra il martedì e un'altra ancora il mercoledì. Se gli dai retta, la tua vita sarà caotica e piena di paure.

Al contrario, le voci degli angeli ci ripetono con pazienza i loro consigli giorno dopo giorno finché non li seguiamo. Potrebbero ripeterti per anni che saresti un grande guaritore o un bravo autore. Oppure potrebbero chiederti spesso di prenderti più cura del tuo corpo. Il consiglio proviene dagli angeli quando è affettuoso, mirato, consistente e inoffensivo per te e la tua famiglia.

La *chiarudienza* è solo uno dei quattro modi attraverso cui riceviamo la loro assistenza. Possono parlarti anche attraverso le visioni e le immagini mentali. Chiamiamo questa facoltà chiaroveggenza o "vedere con chiarezza". I messaggi degli angeli possono giungere come singoli fotogrammi all'interno o all'esterno della tua mente oppure possono sembrare le scene di un film. Le immagini possono essere in bianco e nero o a colori. I messaggi visivi degli angeli possono essere simbolici come un segnale di stop che indica la necessità di prenderti una pausa, rallentare o interrompere quello che stavi facendo.

Potresti comprenderne il significato in modo intuitivo. Per esempio, l'immagine di un trofeo ti suggerirà un tuo successo imminente. Se hai difficoltà nel decifrare i messaggi visivi degli angeli, sollecita il loro aiuto. Chiedi che chiariscano ciò che vogliono comunicare e continua a cercare spiegazioni finché non sei completamente sicuro del significato.

Talora, a causa della paura, chiudiamo i nostri canali di comunicazione agli angeli. Potresti vedere un'immagine del tuo futuro che ti spaventa e spegnere la tua chiaroveggenza, chiudendo la palpebra del tuo terzo occhio. Molti anni fa ero una casalinga ignorante e infelice perché volevo dare il mio contributo al mondo, ma non mi sentivo in grado di fare niente di significativo.

Poi, Dio e gli angeli mi hanno donato le immagini mentali della vita che avrei dovuto condurre. Mi sono vista intenta a scrivere libri di autoaiuto e apparire in vari talk show. Le immagini mi mostravano in possesso di una laurea. Queste visioni mi spaventavano perché non mi sentivo in grado di realizzarle. Pensavo che mi mancassero l'intelligenza, il tempo e il denaro per creare quella vita ricca di significato illustrata dalla chiaroveggenza.

Poi, ho scoperto che riuscivo a reprimere queste visioni mangiando tanto. Il mio stomaco pieno interrompeva la connessione con Dio e gli angeli. Tuttavia, dopo la digestione, diventavo irascibile perché mi balzava agli occhi il contrasto tra la vita che conducevo e quella che avrei potuto vivere. Fortunatamente, mi sono stancata di sfuggire all'aiuto divino e mi sono arresa a Dio. Quando l'ho fatto, le porte che avevo davanti si sono aperte una alla volta. Gli angeli hanno predisposto che realizzassi ogni dettaglio delle visioni che avevo avuto in modi che non avrei saputo neanche immaginare.

Una mia assistita ha spento la sua chiaroveggenza nel momento in cui, da bambina, ha visto un'immagine mentale del futuro in cui i suoi genitori avrebbero divorziato. Un'altra ha chiuso il suo terzo occhio perché aveva previsto di avere una relazione con un suo collega sposato con il quale voleva legarsi senza guardare in faccia la realtà. Un'altra mia assistita cercava di ignorare la continua voce angelica che, dentro lei, le consigliava di cercare lavoro in un posto diverso, perché non confidava che Dio potesse soddisfare le sue esigenze materiali durante il cambio di attività.

Potresti spegnere la tua chiaroveggenza se hai paura di quello che *potresti* scoprire. Per quanto tu voglia vedere di persona i tuoi angeli, potresti covare l'ancestrale paura di trovarti davanti un "fantasma". I tuoi angeli rispettano questi timori e non li vedrai apparire finché non sarai sicuro che queste visioni ti confortano e non ti spaventano.

Il terzo modo in cui riceviamo l'aiuto degli angeli è attraverso le nostre emozioni e sensazioni fisiche. Si tratta della *chiarosenzienza* che significa "percepire con chiarezza". I chiarosenzienti ricevono l'aiuto divino attraverso sensazioni fisiche come una tensione che coinvolge la mascella, i pugni, lo stomaco o gli organi sessuali. Essi conoscono intuitivamente il significato specifico di queste reazioni. Percepiscono la variazione di pressione e di temperatura in una stanza, che li allerta di situazioni negative.

Ognuno dei cinque sensi ne ha uno spirituale corrispondente. I chiarosenzienti ricevono l'aiuto degli angeli attraverso un eterico senso di olfatto, gusto e tatto. Puoi accorgerti che la tua adorata nonna scomparsa ti è vicina quando senti il suo profumo o quello del suo fiore preferito. Un angelo può inondare la stanza con l'aroma dei fiori d'arancio per rivelarti un matrimonio imminente.

Attraverso le loro intuizioni, impressioni e sensazioni, i chiarosenzienti ricevono un grande aiuto. Gran parte delle loro percezioni proviene dalla regione dello stomaco, che si agita, si rilassa e si contrae a seconda dei consigli degli angeli, interpretati in modo istintivo; un saggio chiarosenziente segue questi messaggi interiori senza esitazione.

Comunicano con gli angeli anche attraverso il cuore e i sentimenti. Se il pensiero di fare qualcosa ti gonfia il petto con una calda sensazione di gioia, si tratta di un'indicazione che giunge da Dio e dagli angeli. Potresti dire: "Oh, questo è troppo bello per essere vero. Sto sognando", ma la felicità che il tuo pensiero ti ha recato è il programma di un viaggio che ti conduce alla vita che dovresti vivere.

Il quarto modo di comunicazione angelica è chiamato *chiaroconoscenza*, o "conoscere con chiarezza". Gli uomini sono spesso chiaroconoscenti e possono non rendersi conto di ricevere informazioni dettagliate e accurate da Dio e dagli angeli. A un chiaroconoscente puoi fare domande su quasi tutti gli argomenti dello scibile. Nel giro di pochi minuti ti darà una risposta dettagliata, supportata da fatti e dati precisi. Se gli chiedi: "Ma come fai a saperlo?", lui ti risponderà: "Non ne ho idea, fino a pochi minuti fa non lo sapevo."

I chiaroconoscenti sanno, senza sapere come e perché. Di conseguenza, possono dubitare della veridicità delle loro conoscenze. Questo è un errore perché, quando la saggezza divina entra nella nostra mente, vuol dire che abbiamo ricevuto un dono che possiamo usare per migliorare la nostra vita e per servire il mondo.

Tutti noi abbiamo accesso ai quattro canali della comunicazione. Di solito esiste un mezzo primario per ricevere l'assistenza degli angeli e uno secondario, o inferiore. Con la pratica puoi diventare un esperto nella ricezione dei messaggi in tutti e quattro i modi. Tuttavia, negli stadi iniziali, la maggior parte della gente si concentra sul proprio mezzo di comunicazione naturale.

Le persone che sono portate ad avere delle visioni presteranno attenzione alle loro immagini mentali. Se tendi a focalizzarti sui suoni, allora concentrati sulle parole interiori ed esteriori, sulle voci e sui messaggi uditivi. Se ami il contatto fisico, le emozioni e sensazioni del tuo corpo sono gli strumenti che ti trasmettono i consigli divini. Se sei un intellettuale o una persona che cerca costantemente il significato nascosto di ogni situazione, allora vorrai trovare nei tuoi pensieri quei momenti celesti di "conoscenza" che ti donano la certezza che guida le tue azioni.

Alcuni modi per comunicare con gli angeli

Dagli angeli:

> *"Non è così difficile sentirci, se apri il tuo cuore per ascoltarci. La maggior parte delle volte siamo più vicini di quanto tu possa immaginare. Un sussurro, un pensiero, sono l'unico segnale di cui abbiamo bisogno per dare inizio a una conversazione. Proviamo un grande rispetto per quello che stai vivendo in questo momento sul pianeta Terra. Non cerchiamo mai di interferire con la tua vita, ma desideriamo portarti solo la benedizione della comprensione e nuovi prospettive da cui guardare a te stesso."*

Puoi metterti in contatto con gli angeli in molti modi: attraverso la scrittura automatica, i sogni, le carte oracolo e la comunicazione intuitiva o fisica. È importante scegliere lo stile comunicativo per cui, per natura, ti senti più portato. Qualsiasi cosa ti sembri forzata o spaventosa bloccherà la tua capacità di sentire chiaramente i messaggi dei tuoi angeli. All'inizio sarà necessario fare un po' di pratica e avere pazienza.

Mentre leggi le seguenti descrizioni, fai attenzione alle reazioni che ti suscita ogni metodo. Chiediti se l'idea di provarne uno ti renda felice o indifferente o, ancora peggio, provoca sensazioni negative. Sperimenta quelli che ti attirano.

- **Scrittura automatica.** In questo libro ho ricevuto i messaggi degli angeli attraverso questo processo. Ciò significa che gli angeli scrivono il loro messaggio attraverso chi fa loro da canale. La scrittura automatica può avvenire attraverso il dettato, ascoltando le voci degli angeli e riportando quello che hai sentito. La voce può essere all'interno o all'esterno della tua testa. Può sembrare la tua oppure no. Probabilmente in questa forma di scrittura automatica sei cosciente di quello che scrivi.

  In altri casi gli angeli muovono fisicamente la tua mano che impugna una matita o digita sulla tastiera. La maggior parte delle persone che usa questo metodo non è al corrente delle parole che sta scrivendo. È la forma di scrittura automatica usata in questo libro.

Puoi provarci anche tu seguendo questi passaggi:

1. Stabilisci un tempo in cui provare a comunicare con gli angeli attraverso la scrittura automatica. Informali mentalmente di questo appuntamento così che si possano preparare. Poi, assicurati di seguire il programma che hai previsto.

2. Scegli un posto tranquillo in cui non verrai interrotto. Stacca il telefono e metti un cartello sulla porta in modo che gli altri non facciano rumori che interrompano la comunicazione. L'ideale sarebbe avere una musica tranquilla di sottofondo o un nastro con i suoni della natura e una fragranza profumata come i fiori freschi o l'incenso.

3. Se prevedi di provare la scrittura automatica con la matita, avrai bisogno di una postazione che ti permetta di tenere comodamente la matita sul foglio, su una superficie stabile. Quando cominci a scrivere, tutto deve essere comodo. Probabilmente, non avrai voglia di farlo su un blocco di fogli per terra, in grembo o in un'altra posizione in cui la matita non scorre facilmente.

   Alcuni scrittori automatici usano la penna; tradizionalmente però sono preferibili le matite perché non scivolano e non sbavano. Alcuni anni fa gli scrittori automatici usavano le "planchette[3]", triangoli di legno con un foro per la matita, supportate da tre cuscinetti a sfera che permettono un movimento fluido in qualsiasi direzione. La matita viene posizionata saldamente nel foro della planchette e il mondo spirituale guida la mano del medium, per esempio su una tavola Ouija.

   Potresti usare il computer o la macchina da scrivere. Non è necessaria alcuna postazione particolare oltre a una sedia, un tavolo e una tastiera.

4. Assicurati di essere comodo. È meglio non indossare vestiti aderenti ed è importante che la comunicazione avvenga a stomaco vuoto senza l'influenza di alcun eccitante (caffè, cola, zucchero, erbe e cioccolato) o sedativo (pasti pesanti, alcol, droghe o erbe).

---

3. *Ndt: La "planchette" è una tavoletta di legno con un foro al centro e delle rotelle sulla parte inferiore che veniva posta sotto il palmo della mano del medium durante le sedute spiritiche per agevolare la scrittura automatica.*

5. Fai due o tre respiri profondi. Recita una preghiera tipo il “Padre Nostro” o fai un’affermazione del genere: “Mi vedo circondato dalla luce bianca e dall’amore divino. Sono al sicuro, protetto e amato.” Ti consiglio di chiedere all’arcangelo Michele nel seguire la tua comunicazione, specialmente all’inizio, quando potresti non essere in grado di distinguere immediatamente uno spirito terreno da un angelo. Michele ti farà da custode e farà entrare nel tuo territorio solo gli ospiti invitati.

6. A questo punto, potresti percepire la prima sensazione di comunicazione. Non lasciare che ciò ti spaventi. La prima volta che provai questo tipo di scrittura automatica, la matita cominciò a muoversi rapidamente da sola, il che mi spaventò. La paura ha bloccato l’intero processo comunicativo per lungo tempo.

   All’inizio vedrai degli scarabocchi rotondi. Attraverso questi cerchi gli angeli esprimono la grande gioia di comunicare con te. Appena vi sarete abituati a lavorare insieme, allora lettere, parole e frasi appariranno sul foglio. Durante i primi due o tre giorni, è normale che la matita continui a disegnare cerchi.

In alternativa, potresti udire una voce interiore e percepire una forza che ti spinge a scrivere quello che senti. La scrittura automatica può anche assumere un approccio molto più tattile. Se stai scrivendo con una tastiera, la sensazione è simile a quella di un insegnante di pianoforte che ti afferra le mani e spinge le tue dita sui tasti giusti. Oppure potresti ricevere impulsi intuitivi che suscitano un'emozione relativa a quello che dovresti scrivere. I messaggi degli angeli possono presentarsi anche sotto forma di visioni che ti spingono a scrivere quello che vedi. Se sei un chiaroconoscente, riceverai stralci di informazioni. Avrai la certezza di conoscere ciò che scrivi senza sapere come mai.

Chi è in trance o in semi-trance non sa cosa sta scrivendo. Una medium in trance perde conoscenza di ciò che le sta intorno. Ha la sensazione di essere sollevata dal suo corpo mentre il mondo spirituale comunica mediante lei. Nel mio caso la comunicazione avviene in uno stato di semi-trance: so chi sono, ma non conosco la maggior parte dei messaggi che giungono attraverso me. Di solito perdo anche la cognizione del tempo e dello spazio. Penso che siano passati solo venti minuti, mentre sono trascorse diverse ore.

La chiave della scrittura automatica è dare libero sfogo a ogni sensazione che ricevi. Le tue impressioni possono presentarsi come visioni, parole, informazioni, sensazioni emozionali o fisiche. Potresti anche ricevere una combinazione di questi fattori. La pratica perfeziona la scrittura automatica, quindi non lasciarti scoraggiare se i tuoi primi messaggi non sembrano coerenti. Anche i messaggi superficiali hanno valore. In un primo momento dovrai prendere dimestichezza con il processo di scrittura automatica; poi, potrai raccogliere le informazioni significative provenienti dal mondo spirituale.

Quando ti senti stanco, disorientato o provi dolore, blocca il flusso della comunicazione. All'inizio molte persone sospendono dopo un'ora o anche meno. Pian piano aumenterai la durata delle sessioni.

Se stai comunicando con uno spirito che ti sminuisce o ti spinge a fare qualcosa che potrebbe essere fonte di sofferenza per te o per qualcun altro, fermati. In quel momento non sei in contatto con gli angeli, perché non invierebbero mai messaggi che possono causare dolori emozionali, fisici o psichici. Rivolgiti all'arcangelo Michele e chiedigli di rimuovere lo spirito terreno con cui stai comunicando. Non combatterlo con paura o rabbia, ma recita preghiere e immaginati circondato da una luce bianca prima di iniziare un'altra sessione di comunicazione. Il tuo più grande alleato è la fermezza nel comunicare solo amore. Niente di ciò che porta l'amore può ferirti.

– **Sogni.** Nel capitolo intitolato "Sonno", gli angeli hanno spiegato con chiarezza che interagiamo con loro durante l'attività onirica. Se li inviterai nei tuoi sogni, aumenterà il numero dei messaggi e la velocità con la quale comprenderai una determinata situazione.

  Per esempio, se sei indeciso sulla piega che dovrà prendere la tua carriera, recita mentalmente una preghiera come questa nel momento in cui poggi la testa sul cuscino:

  "Angeli, per favore, stanotte entrate nei miei sogni e datemi dei messaggi chiari che ricorderò, per aiutarmi a capire quale direzione dovrà prendere la mia carriera."

Gli angeli soddisfano sempre questa richiesta e proprio un'ora prima di svegliarti, potresti avere una chiara immagine del sogno e la ricorderai facilmente. In alternativa, gli angeli possono aiutarti nel sonno anche se dimentichi quello che hai sognato. Appena sveglio saprai che dentro di te nella notte qualcosa è cambiato. Ti senti più felice, più positivo e hai le idee più chiare riguardo alla direzione che dovrà prendere il tuo lavoro. Questo è un segno che gli angeli hanno riorganizzato i tuoi pensieri e le convinzioni per aiutarti ad abbandonare le paure che non ti consentivano di prendere decisioni in merito.

Se ti senti bloccato in una qualsiasi area della tua vita, scrivi questo messaggio su un pezzo di carta e mettilo sotto al cuscino. Prima di addormentarti, ripeti la frase mentalmente tre volte:

> *"Carissimi angeli, vi chiedo di lavorare con me stanotte per rimuovere qualsiasi blocco che mi impedisce di vivere appieno la mia vita. Per piacere, richiamate la mia attenzione su questi ostacoli o eliminateli completamente dalla mia mente, dalle mie emozioni e dal mio corpo durante il sonno di stanotte. Grazie."*

Alla mattina ti sveglierai riposato, ma consapevole di aver lavorato durante la notte. Potrai non ricordarne i dettagli, ma sentirai gli effetti nel profondo. La tua testa potrà addirittura sembrarti strana a causa della ristrutturazione avvenuta nella notte. In fondo, tutti i blocchi che gli angeli hanno rimosso erano carichi pesanti che ti impedivano di realizzare il tuo progetto di vita e i tuoi obiettivi. Sarai grato per aver chiesto tanta chiarezza e magari inviterai gli angeli tutte le notti nei tuoi sogni.

- **Strumenti di divinazione.** Le carte oracolo e il pendolo sono mezzi tangibili per comunicare con gli angeli. Se sei un chiarosenziente, ovvero un individuo che riceve intuizioni attraverso sensazioni fisiche ed emozionali, questi metodi ti sembreranno piuttosto naturali.

1. **Carte oracolo.** Puoi acquistare le carte oracolo con gli angeli nella maggior parte delle librerie. Ce ne sono di diverse marche e, probabilmente, ti sentirai attratto da uno o due mazzi in particolare. Questa spinta interiore ti aiuterà a decidere quale comprare poiché rivela quali sono le carte con cui hai una naturale affinità e sintonia. Molte librerie metafisiche hanno mazzi di carte campione che puoi guardare a fondo prima di prendere la decisione definitiva. Alcune carte oracolo degli angeli sono basate sull'antico mazzo dei tarocchi. Sono caratterizzate dalle immagini colorate di arcangeli, cherubini e serafini, accompagnate da parole o frasi che descrivono il significato di ogni singola carta.

   Per comunicare con gli angeli attraverso questo metodo, medita mentre mescoli il mazzo e chiedi loro mentalmente di prestarti assistenza. Quando consulto le carte oracolo, mi piace accendere un incenso e mettere una dolce musica di sottofondo. Mentre mischi le carte, puoi rivolgere agli angeli domande specifiche; puoi chiedere che ti aiutino nella vita o che ti facciano prevedere il futuro.

   Gli angeli ti indicano quando è ora di smettere di mescolare le carte. Se sei un chiarosenziente, avrai una chiara percezione in merito. Capirai anche se mettere in tavola determinate carte o se prenderle dalla cima del mazzo. Se sei un chiaroudiente, avvertirai la voce degli angeli che ti dicono di smettere di mescolare. Potresti udire un numero come il sette, e comprenderai che devi mettere in tavola sette carte. I chiaroveggenti vedono i segnali visivi: ad esempio, il modo in cui le singole carte sporgono dal mazzo mentre le mischi può essere un segnale per distribuirle correttamente. I chiaroconoscenti sanno quando è il momento giusto per distribuire le carte e quali mettere in tavola.

Le persone che usano una combinazione di più canali comunicativi, si servono dei diversi sensi spirituali mentre mischiano le carte e le distribuiscono. Per esempio, la mia chiarosenzienza mi aiuta a percepire quando è ora di smettere di mescolare le carte, poi una voce mi dice quante ne devo distribuire e attraverso la chiaroveggenza vedo il significato che hanno. Con la pratica e le preghiere, chiunque può diventare un abile esperto nella lettura delle carte oracolo, in particolar modo con l'aiuto degli angeli.

Puoi distribuire le carte oracolo degli angeli secondo gli schemi suggeriti nel libretto di istruzioni allegato al mazzo. Secondo lo schema classico, si mettono in tavola tre carte. La prima rappresenta le situazioni della vita attuale; la seconda un ostacolo o una sfida da superare; la terza il miglior risultato possibile dopo il superamento della prova.

Io uso più mazzi di carte oracolo contemporaneamente. Distribuisco una fila orizzontale di carte prese dal primo. Poi, sotto, sistemo un'altra fila di carte prese dal secondo. E così via. Dopo averli distribuiti tutti, leggo le carte verticalmente. Guardo la prima carta nell'angolo in alto a sinistra che indica il problema principale del mio assistito. Poi, cerco un tema per ogni fila verticale, che racconta qualcosa sullo scopo della sua vita, sui suoi blocchi emozionali e sul suo futuro.

2. **Pendolo.** È un cristallo o una pietra preziosa come la giada, attaccata a una catenella sottile o a un nastro di raso. Tieni in mano la catenella o il nastro e lascia che la pietra oscilli finché non si ferma. Quando interroghi gli angeli, la pietra si sposterà in una direzione se la risposta è "sì", in quella opposta se la risposta è "no". Per scoprire qual è la direzione che indica il "sì"e il "no", fai una domanda di cui conosci già la risposta, per esempio: "Mi chiamo Chiara?" o "Vivo a Milano?". Guarda in quale direzione si muove la pietra e capirai dove segna il "sì" e dove il "no". Quando avrai stabilito il linguaggio del pendolo, potrai chiedere agli angeli di rispondere ad altre domande. Noterai come i "sì" e i "no" decisi faranno muovere la pietra con ampie oscillazioni. Grazie alla pratica e all'intuizione, alcune persone riescono a ricevere dal pendolo risposte più dettagliate di un semplice "sì" o "no".

- **Chiedi dei segni.** Durante le tue meditazioni, chiedi agli angeli di darti un segnale chiaro in risposta alle tue preghiere. Di solito è meglio non specificare che tipo di segno vuoi. I tuoi angeli ti si mostreranno in modo inconfondibile. Te ne accorgerai e saprai che questo è il segnale che chiedevi.

Può provenire dalla natura, come una piuma che cade dal cielo, un uccellino che si libra in volo accanto a te o un arcobaleno. Può giungere dall'etere, come un profumo improvviso, una musica o un fascio di luce che non ha un'origine fisica. I segni degli angeli comprendono anche delle opportunità inaspettate come una telefonata, una lettera contenente buone notizie o un libro che cade dallo scaffale proprio mentre passi di lì. Infine, i segnali possono essere psichici come una visione, un sogno, una voce o un'intuizione.

Qualunque sia il segno che ricevi, fidati. Sappi che gli angeli rispondono sempre alle domande, alle preghiere e alle richieste d'aiuto. Tutto quello che dobbiamo fare è chiedere.

– **Comunicazione verbale.** Se lo vuoi, gli angeli parleranno attraverso di te. Quando comunichi verbalmente con loro, i messaggi sono espressi attraverso la tua bocca e la tua voce. Ogni tanto, durante le mie sessioni, comunico con gli angeli dei miei assistiti invece di trasmettere i loro messaggi. I miei assistiti sanno che quando i messaggi contengono espressioni come: "Riteniamo che potresti apprezzare..." o "Ti consigliamo di...", sono gli angeli che parlano e non io.

Se sei un guaritore o sei impegnato nelle arti creative, probabilmente hai già comunicato con gli angeli. Forse stavi parlando, guarendo o creando, quando improvvisamente ti è venuta un'idea insolita e meravigliosa. Successivamente ti sei chiesto: "Ma da dove è saltata fuori?". La risposta è: dagli angeli.

Per comunicare verbalmente con loro, usa le tecniche di rilassamento e la preghiera protettiva che abbiamo presentato nella sezione relativa alla "scrittura automatica". Nella tua testa mantieni la chiara volontà che gli angeli parlino attraverso le tue corde vocali e la tua bocca. Adotta un atteggiamento mentale rilassato e positivo poiché lo scetticismo impedisce loro di comunicare attraverso te.

Quando senti l'impulso di parlare, non permettere che la tua mente si perda tra le paure o i dubbi. Semplicemente, comincia a esprimerti con un senso di fiducia e di avventura. È quasi come la prima volta che vai in bicicletta. Gli angeli useranno il tuo vocabolario per parlare attraverso te, come se stessero premendo i tasti di una macchina da scrivere per comporre un messaggio coerente. Alcuni medium verbali sono a conoscenza del messaggio che stanno per comunicare, altri no. In ogni caso, puoi registrare la tua comunicazione verbale o raccontarla a un'altra persona per rivederla in un secondo momento.

Saprai che stai comunicando con gli angeli grazie ai loro segni rivelatori:

1. *Una frequenza molto alta e piacevole*. Potresti sentire un po' di pressione alla testa, come se stessi cantando una nota molto alta.

2. *Parole, espressioni e messaggi amorevoli e positivi.* Gli angeli possono avvisarti di un pericolo o chiederti di porre fine a un'abitudine non salutare, ma esprimono sempre il loro consiglio come farebbe un insegnante: "Puoi farcela."

3. *Messaggi sequenziali ripetuti costantemente.* Se ti consigliano di migliorare la tua vita, ti chiederanno di procedere un passo alla volta. Ti solleciteranno pazientemente a completare ogni tappa e potrebbero ripeterti lo stesso messaggio finché non soddisfi la loro richiesta. Dopo aver completato una fase, gli angeli ti loderanno e ti indicheranno il passo successivo.

♥ ♥ ♥

Ascolta il nome del tuo angelo custode

Nel corso della vita ti capiterà di interagire con centinaia o anche migliaia di angeli diversi. Alcune volte lavorerai con regolarità con gruppi di entità celesti, altre invece, sarai accompagnato da angeli che per te sono completamente nuovi.

Gli angeli non perseguono la gloria personale perché sanno che siamo tutti uniti a Dio, perciò non cercano meriti per le loro azioni terrene. La maggior parte delle volte non sarai a conoscenza delle loro caratteristiche personali. Tuttavia, puoi conoscere quelli che sono con te dalla nascita alla morte.

I tuoi angeli custodi hanno dei nomi, che a volte sono simili a quelli umani. Il mio, per esempio, si chiama Frederique. Altre volte hanno dei nomi descrittivi come Gioia e Pace.

Chiedi loro di dirti come si chiamano. Poi mettiti tranquillo e ascolta. La risposta può arrivare intuitivamente e allora sentirai il loro nome. Altrimenti, puoi sentire una voce, avere una visione o semplicemente "conoscere" il loro nome. Se il messaggio non ti è sufficientemente chiaro, chiedi di ripeterlo finché non lo capisci. Non avere paura che gli angeli si offendano o che se ne vadano se dici: "Potreste ripetere la vostra risposta un po' più forte, per favore?".

Ho incontrato una donna che, un giorno, decise di chiedere il nome del suo angelo mentre stava rientrando in macchina dalla chiesa. Dopo avergli chiesto:"Come ti chiami?", sentì una vocina dentro alla sua mente e al suo cuore che le diceva: "Angelo." La donna pensò: "Angelo! Ma come fa un angelo a chiamarsi Angelo?". Così gli chiese di ripetere la risposta un po' più forte per essere certa di aver capito bene. Di nuovo ebbe la stessa risposta: "Angelo."

La donna pensò che fosse uno strano nome per un angelo, un po' come un gatto chiamato Gatto. Quindi, chiese al suo angelo di darle un segno, se davvero il suo nome era Angelo. In quell'istante la donna si sentì obbligata a guardare sulla sua spalla destra nonostante fosse al volante. Lì, di fronte a lei, c'era un'enorme insegna di cui non si era mai accorta prima: Motel Angelo. Ecco come ebbe la conferma che il nome del suo angelo custode era Angelo.

♥♥♥

Fidarsi degli angeli

"Sapevo che era quello che mi stavano dicendo i miei angeli!".

I miei assistiti mi ripetono questa frase praticamente ogni settimana. Quando comunico loro quello che sento dire dagli angeli, spesso ammettono di esserne al corrente. Possono aver spinto il mio assistito a cambiare lavoro, a prendersi più cura del proprio corpo, a perdonare il padre o a trasferirsi in un altro luogo. Molto spesso ammettono quanto siano saggi i loro consigli, poi però aggiungono un "ma...".

"Ma non ho né tempo né soldi."

"Ma potrei fallire e sentirmi umiliato e la situazione potrebbe peggiorare."

"Ma se gli angeli si sbagliano?".

"Ma se Dio volesse imbrogliarmi con una vita di severa povertà e sofferenza?".

La legge del libero arbitrio impedisce agli angeli di correre in nostro soccorso a meno che non lo chiediamo, e ci concede il diritto di accettare o rifiutare l'assistenza che ci viene offerta. La maggior parte di noi non rifiuterebbe il loro aiuto; tuttavia, a volte permettiamo alla paura di dissuaderci dal ricevere il bene della grazia.

Dopo tutto, molti di noi sono cresciuti secondo il principio che non sia giusto accettare regali senza dar nulla in cambio. Magari siamo stati rimproverati per non aver ringraziato chi ci ha donato qualcosa. O forse abbiamo imparato che "Nessuno ti dà niente per niente", per cui siamo piuttosto sospettosi quando qualcuno, persino un angelo, ci offre il suo aiuto. Potremmo chiederci: "Dove sta il tranello?" come se Dio ci chiedesse di restituire il favore con scelte di privazione o rinuncia.

Sappi che meriti l'aiuto di Dio e degli angeli! Sei un prezioso e santo figlio di Dio e sei degno del bene come tutti noi. Se avessi dei figli, non vorresti il meglio per loro? Ricorda inoltre che il nostro Io superiore è tutt'uno con Lui per l'eternità. Quindi, in sostanza, quando Egli dona a noi, in realtà sta donando a se stesso.

Non pensare mai che gli angeli siano troppo occupati per aiutarti. Non credere neanche per un istante che le tue esigenze siano troppo futili o banali perché il regno dei cieli possa intervenire. Quest'idea è propria del nostro Io inferiore, che rifiuta l'aiuto a causa di un senso di inadeguatezza profondamente radicato. Il tuo vero Io sa che vali davvero tanto. È consapevole che siamo tutti parte della divina perfezione che è Dio.

Se invocare e accettare l'assistenza divina ti sembra innaturale, chiedi ai tuoi angeli di aiutarti a cambiare questo atteggiamento. Possono guarire i problemi legati alla scarsa autostima o a qualsiasi altro aspetto della tua personalità. Elimineranno felici tutti gli ostacoli che ti impediscono di vivere la tua eredità divina, che è un tuo diritto di nascita conferito dal santo Creatore.

Ambienti celesti

Gli angeli sono con te ovunque tu vada, quindi non si preoccupano del *luogo* che scegli per parlare con loro. È certo tuttavia che alcuni tipi di ambienti facilitano la comunicazione.

Quando ho cominciato a parlare agli angeli, mi invitarono a comprare qualche cassetta di musica classica e dei fiori freschi per il mio ufficio. Ero riluttante ad acquistare dei fiori che sarebbero presto appassiti o cassette di una musica che era disponibile gratuitamente alla radio. Di nuovo però, gli angeli mi proposero di fermarmi da un fiorista e poi in un negozio di musica. Furono piuttosto precisi!

Alla fine domandai il perché di tutto questo. Mi spiegarono che, nonostante le statue e le immagini degli angeli presenti nel mio ufficio creassero un'atmosfera adatta a dialogare con loro, sarebbe stato meglio decorarlo con gli oggetti del regno *invisibile*. La musica, il profumo e i colori sono costituiti da vibrazioni che elevano la nostra mente a un livello superiore nel quale riusciamo a capire più facilmente i messaggi degli angeli. La musica trasmessa dalla radio andrebbe bene se non ci fossero le interruzioni pubblicitarie che interferiscono con le melodie degli angeli.

Acquistai allora alcune cassette di Beethoven, Handel e Vivaldi. Molti compositori barocchi hanno un forte legame con la spiritualità; Antonio Vivaldi, per esempio, era un prete che passò la vita a insegnare agli orfani a suonare. George Handel disse al re d'Inghilterra di essere stato aiutato dagli angeli a comporre il famoso "Hallelujah". La musica sembrava trasmessa proprio da loro. Capii immediatamente perché si preoccupavano tanto che mi circondassi di gloriosa musica da camera.

Alcuni mesi dopo, ho scoperto che una ricerca scientifica sosteneva quello che i miei angeli già sapevano: secondo le statistiche, le persone registrano più episodi di telepatia se nella loro stanza c'è una musica delicata. Ho anche notato che, quando ascolto delle cassette con i suoni della natura, la mia mente si solleva come se fossi all'aria aperta.

Decisi anche di comprare i fiori più profumati che potessi trovare, delle tuberose e dei gigli orientali. Questi meravigliosi fiori profumati elevavano il mio spirito. Amavo così tanto il loro profumo che portavo il vaso dallo studio alla camera da letto per poterne sentire l'odore per tutta la notte. I fiori ispirano sempre sogni meravigliosi e facilitano l'interazione con gli angeli.

Ora, quando so di essere in contatto con gli angeli, brucio anche l'incenso, che eleva lo spirito e aumenta le vibrazioni: in questo modo, comunicare diventa più facile.

Anche la luce fa parte del regno invisibile dal momento che i raggi e i fasci emessi dalle candele e dalle lampadine colorate non sono tangibili. Gli angeli suggeriscono di usare diverse luci nell'area in cui mediti. Risuonano in presenza di qualsiasi bagliore delicato e naturale, ma apprezzano anche le luci vivaci e colorate perché mettono di buon umore. E sai bene quanto gli angeli amino farci rilassare e divertire!

♥ ♥ ♥

Abituati a chiedere aiuto ai tuoi angeli

Dagli angeli:

> *"Ti parliamo continuamente, senza tregua, dall'alto dei cieli. Ci uniamo felici a te nei momenti di gioia e ti consoliamo in quelli tristi. Ti invitiamo ad ascoltarci di più perché non sai quanto possiamo incoraggiarti. Ti aiutiamo in tante e tante occasioni e la tua felicità è il nostro 'Grazie'. Quando davvero trarrai diletto nel volgere le orecchie al Regno degli Angeli, sperimenterai nella tua vita una musica che va oltre qualsiasi termine di paragone. Se solo sapessi quanto possa essere incantevole la tua vita, non aspetteresti un minuto in più per averci a tua disposizione!"*.

Gli angeli *vogliono* comunicare con te. Hanno così tanto da darti! Possono fornirti informazioni, assistenza, protezione, supporto morale e complimenti. In effetti questo è ciò che provano a fare in continuazione. Tuttavia, chi dona non può farlo a meno che non ci sia qualcuno disposto ad accettare. Sei pronto ad accogliere il bene glorioso che ti viene offerto in questo istante?

Un modo per diventare più ricettivo verso la comunicazione e l'assistenza degli angeli consiste nell'eliminare qualsiasi ostacolo alla ricezione. Scrivi, leggi e pronuncia le seguenti affermazioni per diverse volte al giorno e, nel giro di due settimane, vincerai gran parte della tua riluttanza nei confronti dell'aiuto celeste:

"Accetto di buon grado il bene nella mia vita."

"Sono disposto ad abbandonare la paura di ricevere amore."

"Sono al sicuro se qualcuno mi ama e si preoccupa per me."

"Merito amore e assistenza."

Se sei abituato a prenderti cura degli altri, dovrai avere pazienza con te stesso mentre ti abitui all'idea di accettare l'ausilio degli angeli. Talvolta, ricevere aiuto non ti sembrerà sicuro. Forse hai paura che se non fai tutto da solo, gli altri non avranno più bisogno di te; forse temi di perdere il controllo della situazione se non sei tu stesso a occuparti di tutto. Potresti preoccuparti del fatto che gli angeli siano troppo occupati per aiutarti o che tu non meriti la loro assistenza. Oppure, semplicemente, fai automaticamente le cose per conto tuo e hai bisogno di qualche promemoria per chiedere aiuto agli angeli.

Tutti questi ostacoli al loro intervento sono normali e comprensibili. Se ti dimentichi di chiedere aiuto agli angeli, metti dei promemoria ben visibili in giro per casa, in macchina e in ufficio. Le statue, le carte e i poster ti rinfrescano la memoria ogni volta che hai bisogno d'aiuto.

Se sei consapevole di avere dei blocchi che ti impediscono di chiedere aiuto, gli angeli possono guarirti, eliminandoli.

Se hai bisogno di più fede o di più fiducia, chiedi a Dio e agli angeli di aiutarti!

Se credi di non meritare l'intervento divino, chiedi a Dio e agli angeli di aiutarti!

Se ti preoccupi che i tuoi problemi siano troppo banali per richiedere l'aiuto celeste, rivolgiti ancora una volta a Dio e agli angeli. Ricordati che il Regno di Dio e degli Angeli non ha vincoli di tempo o spazio, perciò possono essere vicini a più persone contemporaneamente. La tua richiesta d'aiuto non impedisce loro di correre in soccorso di qualcun altro.

Di qualsiasi cosa tu abbia bisogno, Dio e gli angeli possono aiutarti!

Ricordati: Dio e gli angeli ti amano e ti aiutano volentieri in modo che tu possa sentire, provare e donare amore con facilità.

♥ ♥ ♥

Purificare i canali della comunicazione divina.

Dagli angeli:

> *"Puoi sentirci molto più chiaramente se purifichi l'aria intorno a te. Immagina che la comunicazione divina giunga attraverso una nebbiolina, che è davvero lo stabilizzatore atmosferico che distingue un regno spirituale dall'altro. Più è sottile la nebbiolina, più è facile la comunicazione. Una fitta coltre di nebbia ci impedisce di sentire chiaramente i tuoi pensieri e di vedere le azioni che compi ed è più probabile creare malintesi riguardo alle nostre intenzioni per te. Se ti purifichi, per quanto ti è possibile, noi siamo contenti perché siamo tanto più raggiungibili quanto più la nebbiolina attorno a te è raffinata e depurata."*

Quando gli angeli parlano di "purificare l'aria intorno a te", non si riferiscono a cambiare l'aria nel senso tradizionale del termine. Al contrario, intendono dire che i tuoi pensieri e le azioni che compi nella vita di tutti i giorni hanno effetto sulla tua aura e sul campo energetico intorno a te. È come togliere i disturbi da una linea telefonica per sentire meglio chi chiama. Quando purifichi la tua aura e il tuo campo energetico è più facile capire quello che ti comunicano gli angeli.

Tutte gli stadi della purificazione riescono meglio se nascono dal desiderio e dalla volontà. È meglio non costringerti a fare passi che ti fanno sentire come se stessi rinnegando te stesso. Affronta solo le fasi per cui ti senti pronto. Adotta queste nuove abitudini con gioia sapendo che ti permetteranno una migliore comprensione della tua vera natura in comunione con Dio.

– **Purifica i tuoi pensieri.**

Dagli angeli:

> *"Non ti stiamo chiedendo di provare a essere un santo sulla terra, ma di fare del tuo meglio per controllare le parole, le espressioni e le idee che rivolgi a te e agli altri. Ogni pensiero derivante dalla paura, dalla gelosia, dalla competizione, dal risentimento, dal vittimismo o dalla vendetta, rende il tuo campo energetico denso e scuro. Il mancato perdono nei confronti di te stesso, di una situazione, di una persona, di un personaggio o di un ente pubblico, oscura la tua aura come se fosse fumo denso."*

La mia chiaroveggenza mi ha mostrato che aspetto hanno le forme pensiero. Subito dopo aver sviluppato un pensiero, rilasci un oggetto della forma di una bolla, dotato di vita propria. La dimensione della forma pensiero è legata alla quantità di energia che hai messo nel pensiero stesso. Le forme pensiero eseguono ogni tuo ordine; vanno nel mondo e creano tutto ciò che hai pensato.

Una volta una mia assistita desiderava davvero ottenere un determinato lavoro. Durante il colloquio di lavoro, l'ho vista rilasciare un'enorme forma pensiero che sembrava una bolla di sapone spessa e scintillante, grande circa un metro e venti per trenta centimetri. Godeva di una propria forza vitale e di un'energia che la faceva avanzare. La settimana successiva mi chiamò per riferirmi che aveva ottenuto quel posto di lavoro, e io non fui per niente sorpresa. L'energia sprigionata pensando "Questo è il lavoro che desidero", le aveva permesso di realizzare il suo desiderio.

Non esistono pensieri neutrali né momenti della tua giornata in cui le tue riflessioni non diano vita a forme pensiero e ai relativi effetti. I pensieri spaventosi agiscono come delinquenti assetati di sangue che riportano il terrore a te che sei il loro padrone. I tuoi pensieri amorevoli, invece, attirano situazioni felici e relazioni interpersonali serene. Sta a te scegliere.

Molte persone, intenzionate a comunicare con gli angeli, sentono il bisogno di evitare i media negativi. Quindi, possono smettere di guardare la televisione, di ascoltare la radio o di leggere il giornale. Possono prendere le distanze dagli amici che si lamentano sempre e scegliere di abbandonare le carriere che non sono compatibili con un modo di vedere positivo.

La comunicazione con gli angeli richiede che i nostri pensieri siano in sintonia con le più alte frequenze dell'amore. Qualsiasi preoccupazione o paura interferisce con le nostre capacità comunicative, proprio come se queste forme pensiero creassero dei disturbi sulla nostra linea telefonica psichica. Nel capitolo intitolato “Terapia degli angeli” puoi trovare un metodo molto efficace per liberarti di questi pensieri incentrati sull’ego.

- **Purifica i tuoi scopi.** Affida i tuoi scopi a Dio e agli angeli e chiedi loro di purificarli. Puoi farlo semplicemente dicendo: “Dio, affido a te le mie pulsioni e chiedo il tuo aiuto per purificarle tutte in modo che i miei scopi siano in linea con la verità e l’amore.” Una volta che l’amore riorganizzerà i tuoi pensieri e le tue sensazioni, sentirai subito un gran sollievo, seguito da una profondo senso di pace e di ordine.

  Il tuo scopo più nobile è rendere gloria a Dio in tutti i modi possibili. In realtà stai glorificando anche il tuo vero Io, che è tutt’uno con Lui, e quello di qualsiasi altro figlio di Dio. Le pulsioni dell’io inferiore si presentano quando credi di voler rendere gloria a te soltanto, in quanto persona speciale. Tutti sono ugualmente speciali. Dunque, quando vogliamo essere migliori degli altri, inneschiamo il dolore e la solitudine che derivano dal credere di essere separati da Dio e dai nostri fratelli spirituali.

- **Purifica le tue azioni.** Prima di fare qualsiasi cosa, chiedi al tuo Io superiore, a Dio e agli angeli di guidarti. Sappi che quest’aiuto divino guiderà le tue azioni con l'unico potere dell'amore. In questo modo sei certo di continuare a fluttuare in un mare dei miracoli la cui bellezza ti stupirà. Sarai sempre nel posto giusto al momento giusto.

– **Purifica la tua casa.** Gli ambienti assorbono l'energia negativa proveniente da una varietà di fonti che suscitano paura. Qualsiasi cosa permeata di paura si trovi dentro la tua casa (quotidiani, riviste, posta, programmi televisivi, talk show radiofonici, discussioni tra i membri della famiglia o pensieri spaventosi provenienti dai precedenti abitanti della casa) può conferire energia negativa all'ambiente domestico.

Sentirai il bisogno di purificare la tua casa, il tuo ufficio e gli ambienti che frequenti. Questa purificazione permette alla luce di circolare liberamente ed eleva l'energia che ti circonda al più alto livello possibile. Puoi purificare la tua casa in vari modi: dipingendo le pareti, pulendo i tappeti con la schiuma detergente, mettendo delle scodelle di alcol in ogni stanza della casa per almeno ventiquattro ore, esponendo dei cristalli di quarzo alla luce del sole per quattro ore affinché rimuovano l'energia negativa prima di essere posizionati nei vari ambienti della casa, oppure bruciando un incenso o delle foglie di salvia in ogni stanza.

Tuttavia, il miglior modo per purificare l'ambiente è quello di rivolgersi agli angeli. Chiedi mentalmente all'arcangelo Michele e alla Compagnia della Misericordia di aleggiare nell'area e di allontanare tutta l'energia negativa e gli spiriti terreni. Potresti riuscire a scorgere Michele con le tue visioni spirituali. Se così fosse, lo vedrai condurre altri angeli in cerchio, intenti a raccogliere qualsiasi forma di energia inferiore possa interferire con la tua comunicazione divina e il tuo lieto vivere.

- **Purifica le tue relazioni.** Pur avendo sicuramente sofferto nel corso dei tuoi rapporti interpersonali, hai la possibilità di guarire le emozioni residue per liberarti da qualsiasi pesantezza o negatività. Questa è una parte importante del lavoro di purificazione che ti aiuterà a conversare facilmente con gli angeli. Puoi abbandonare quella negatività che ti attanaglia anche se proviene dall'infanzia, dall'adolescenza o da tempi recenti.

Gli angeli ti ricordano innanzitutto che ogni sentimento negativo che provi nei confronti di un'altra persona ha un effetto boomerang. È impossibile giudicare o incolpare qualcuno senza provare un certo dolore emozionale. Per quanto vorremmo vederci distinti da una persona che consideriamo "cattiva", sappiamo bene che una simile classificazione è impossibile. Siamo uniti gli uni agli altri, per sempre. Ecco perché ti senti depresso quando ti arrabbi con qualcuno. La rabbia che sprigioni è come un raggio laser puntato verso uno specchio che torna subito indietro e ti colpisce.

Gli altri sono i nostri specchi! Quando gli angeli parlano della necessità di perdonare, non vogliono che tu lo faccia per etica morale, ma sanno che il giudizio, la colpa e la rabbia sono fardelli che gravano sulla tua anima. Ti chiedono di liberartene; questa è la vera definizione del perdono. Significa libertà.

Se non ti senti pronto a perdonare le sue azioni, perdona almeno la persona che le ha commesse. Guardala con gli occhi di un angelo. L'angelo custode vede solo il bene, la verità e quanto di divino c'è nell'essere umano. Gli angeli guardano dritto al cuore, al di là del suo carattere apparente, dei suoi errori e dei suoi sbagli. Se hai letto di un'esperienza pre-morte o hai avuto modo di provarla, avrai sentito anche della guida che ci accompagna. L'amore incondizionato e smisurato di questo angelo custode fa sparire tutte le paure di quelli che compiono la traversata verso il cielo.

Anche tu puoi avere un effetto benefico sul mondo e, allo stesso tempo, risanare il rapporto con te stesso e con gli altri adeguandoti al punto di vista degli angeli custodi. Più alleni la tua mente a vedere l'angelo che c'è in ogni persona, più conoscerai e apprezzerai l'angelo che sei tu.

– **Purifica la tua agenda.** Ogni tanto rimandiamo la nostra crescita spirituale riempiendo la nostra agenda di cose da fare; questo significa che non c'è tempo per esaminare l'io interiore. Per questo motivo, gli angeli ci chiedono di purificare la nostra agenda eliminando le attività inutili e ridondanti.

Prova a fare una sorta di inventario per due giorni prendendo nota di come trascorri il tuo tempo, poi guarda le attività dispersive. Non intendiamo i momenti di relax, dato che gli angeli credono fermamente che il riposo sia un'attività molto utile; osserva, invece, i periodi in cui sei occupato senza ottenere risultati significativi. Queste sono le attività in cui ti impegni per abitudine o per paura. Una volta che individui le attività che normalmente ti fanno perdere tempo, probabilmente adotterai abitudini più sane.

Tuttavia, se ti tieni indaffarato per paura, probabilmente ti opporrai all'aiuto degli angeli per riorganizzare il modo in cui trascorri il tempo. Dopo tutto, quando sei costantemente impegnato, non hai l'opportunità di pensare allo scopo della tua vita, al tuo vero Io e a Dio. Eppure queste sono attività molto importanti, non trovi? Dopo tutto, niente è più importante che portare a termine la sacra missione per cui sei nato! Niente in questo mondo suscita anche solo un frammento di gioia in confronto a una vita di buoni principi e sane relazioni.

Fai una classifica delle tue cinque priorità, cioè di ciò che per te è davvero importante e poi confrontale con quelle della tua agenda attuale. Poi chiediti: "Sto dedicando il mio tempo a soddisfare le mie priorità?". Se non è così, cerca un modo per eliminare le attività che ti fanno perdere tempo e riempi i nuovi spazi del tuo calendario con ciò che è più importante per te. Scoprirai che purificare la tua agenda aumenterà il tuo livello di energia e di entusiasmo più di qualsiasi altra cosa.

Gli angeli ti consigliano di trascorrere più tempo possibile da solo in mezzo alla natura. Fai in modo che questa sia una priorità nella tua classifica. Solo l'effetto benefico della natura combinato con il tempo, ti dà la migliore opportunità di ascoltare il tuo vero Io, Dio e gli angeli che ti parlano. Gli angeli della natura ti rassicurano e ti consolano. In un contesto naturale riuscirai più facilmente a tenere delle conversazioni sincere con te stesso e con il regno spirituale.

– **Purifica il tuo corpo.** Se sei stato chiamato a comunicare con gli angeli, sicuramente hai ricevuto delle indicazioni riguardo alla dieta e allo stile di vita da seguire, per esempio eliminare lo zucchero, gli eccitanti, la carne, l'alcol, i latticini e altri cibi ancora. Questi sono autentici messaggi inviati a te dal cielo.

  Questi consigli alimentari sono parte delle risposte alle preghiere in cui chiedevi di poter ascoltare la voce di Dio e degli angeli. Gli angeli intervengono nella tua dieta per preparare il tuo corpo a una riarmonizzazione. La loro vibrazione ha una frequenza talmente alta che il tuo corpo deve essere ritirato per poter sentire le loro voci. È come accordare un pianoforte: quando le dita del pianista schiacciano i tasti, lo strumento emette una musica armoniosa.

  Dio ti sta invitando a trasmettere i messaggi degli angeli. Il sistema nervoso riesce a gestire la frequenza degli angeli solo se il corpo vibra a un livello sufficientemente alto. Una dieta povera crea delle interferenze sulle linee di comunicazione angeliche, così i tuoi angeli ti chiedono di purificare il tuo corpo. Puoi ricevere i consigli alimentari degli angeli in diversi modi: attraverso delle sensazioni o delle impressioni, incontrando "casualmente" un dietologo, lasciandoti attrarre da un libro di cucina vegetariana; sentendo una voce interiore o avendo delle visioni riguardo al cibo.

Gli angeli dicono che tutti gli alimenti hanno un messaggio interiore che agisce su di noi, anche molto tempo dopo la digestione. Man mano che sintonizzi il tuo corpo su una frequenza più alta, gli angeli ti chiederanno di mangiare solo cibi completamente naturali.

Di solito ti invitano a eliminare la carne rossa, poi il pollo, il tacchino e quindi il pesce. La carne animale interferisce con la comunicazione divina perché contiene l'energia del dolore che l'animale ha subito durante la sua vita e la morte. L'energia del dolore ha le vibrazioni più basse e più dense in assoluto e se consumi cibo ricco di sofferenza, il tuo sistema nervoso non riesce a raggiungere le sue frequenze più alte.

Successivamente gli angeli ti consiglieranno di ridurre il consumo di eccitanti come la caffeina, lo zucchero, il cioccolato e alcune erbe. Potranno chiederti di eliminare completamente ogni eccitante o aiutarti a smettere gradualmente. Dovrai evitare anche altri composti chimici psicoattivi come l'alcol e la nicotina.

Potrebbero consigliarti inoltre di eliminare tutti o alcuni latticini perché questi alimenti possono ostruire i nostri canali del pensiero e della percezione. In tal caso ti consiglieranno di andare da un bravo nutrizionista, o di leggere un buon libro sull'argomento, oppure ti suggeriranno di mangiare i sostituti proteici della dieta vegana, come il tofu o le noci.

Man mano che purifichi il tuo corpo, sarai naturalmente attratto da una dieta ricca di prodotti freschi e biologici e di cereali cotti al forno. Queste variazioni alimentari non ti sembreranno una privazione, anzi saranno frutto di amore e gioia. Ti adatterai facilmente al nuovo stile di vita verso cui gli angeli ti stanno guidando. Sappi comunque che l'ultima parola su questa dieta spetta a te.

Tuttavia, dal momento che desideri sentire la voce celeste, sceglierai con naturalezza di percorrere tutti i passi che ti porteranno a purificare il tuo canale di comunicazione.

♥ ♥ ♥

Chiarisci il tuo rapporto con Dio

A volte le persone si allontanano da Dio. Forse hanno sofferto per una grande delusione e credono che Dio le abbia tradite. O forse il loro dolore è stato causato dai membri di un gruppo religioso. Molto spesso l'allontanamento da Dio è provocato dalla confusione tra spiritualità, religione, natura divina e umana.

È difficile ascoltare la voce di Dio e degli angeli quando ti senti lontano dal cielo. Tuttavia, siccome il nostro Io superiore è unito a Dio in cielo, non possiamo liberarci completamente del Suo pensiero. Nel profondo desideriamo godere del conforto della nostra unione con Dio e gli angeli.

A volte ti capita di chiederti se Egli ama qualcun altro più di te? Ti sembra che gli altri ricevano più attenzioni e ricompense di te? Hai sofferto per una perdita che ti ha fatto interrogare su quale sia il senso di Dio? Sei cresciuto nel timore di Dio?

Dio e gli angeli sanno esattamente come ti senti. Lo sanno perché i tuoi pensieri e sentimenti sono chiaramente visibili nel mondo spirituale. Tutte le delusioni, le ferite e le paure lampeggiano intorno a te come grosse insegne al neon.

Gli angeli vogliono davvero aiutarti a ritrovare la gioia di amare Dio! Chiedono la tua disponibilità nell'affidare a loro l'intera situazione affinché possano porvi rimedio. Racconta a Dio e agli angeli le preoccupazioni, i turbamenti e le paure. Non tormentarti, essere onesti non dà adito a conseguenze, anche perché gli angeli sanno già quello che stai per dire. Ti invitano solo ad aprire il cuore ai tuoi sentimenti.

Dopo aver rivelato a Dio e agli angeli come stanno le cose in merito alle tue frustrazioni, delusioni e paure, ti chiederanno se hai voglia di sostituire i tuoi pensieri dolorosi con pensieri di pace. Poi, se sei d'accordo, cominceranno immediatamente a darsi da fare per guarire il tuo rapporto con Dio e il cielo. Ti accorgerai che miracolosamente i tuoi pensieri e le tue sensazioni si spostano su una prospettiva diversa.

Questa guarigione avviene a un livello molto profondo. Primo: dato che il tuo Io superiore è un tutt'uno con Dio, vedrai che esserti riconciliato con Lui si traduce in un miglior rapporto con te stesso. Sarai fiero di te perché amerai te stesso come ami Dio. Secondo: dato che tutti gli angeli e le creature terrene sono un tutt'uno con Dio, proverai maggiore pietà per gli altri e sperimenterai un rapporto più profondo con loro.

Non importa in che cosa tu abbia bisogno d'aiuto, non importa quali siano i tuoi blocchi o i tuoi limiti, gli angeli hanno una soluzione pronta per te proprio adesso: basta chiedere.

♥ ♥ ♥

La liberazione dello spirito con l'arcangelo Michele

Le persone sensibili, conosciute anche come chiarosenzienti o empatiche, assorbono spesso le energie degli altri. Come ricorderai, un chiarosenziente è una persona molto intuitiva che riceve messaggi divini attraverso le sensazioni fisiche e le emozioni.

Involontariamente assorbono le paure e le preoccupazioni degli altri proprio come una spugna si inzuppa d'acqua. Ciò vale in particolare per i guaritori e i maestri chiarosenzienti, la cui natura altruista fa sì che gli individui si sfoghino con loro. La persona preoccupata si sente libera e sollevata dopo aver parlato con loro dei suoi problemi. I chiarosenzienti, invece, si sentono esauriti o appesantiti perché si sono fatti carico dei problemi di un altro.

Le persone oppresse sono meno capaci di aiutare il mondo, quindi è importante che i chiarosenzienti proteggano e purifichino i loro campi energetici:

- **Evita i luoghi frequentati da persone che abusano di alcol e droghe.** Questi ambienti attirano la gente scomparsa su questa terra che apprezza, di riflesso, la compagnia degli ubriachi. I Lavoratori della Luce sono disposti a raccogliere gli spiriti terreni, quindi è meglio evitare i bar, i cocktail party e le discoteche.

- **Evita i luoghi zeppi di atteggiamenti mentali volti a tormentare l'ego.** Questi luoghi comprendono le compagnie con filosofie manipolative, i media che vendono gossip o paure, organizzazioni basate sulla competizione o sulla gelosia e gruppi di basso valore morale.
- **Proteggiti con la luce.** Se devi entrare in questi ambienti, proteggiti immaginando un muro di luce bianco spesso almeno due centimetri che ti circonda come uno scudo. Puoi erigere un muro tra te e l'altra persona o puoi isolarti completamente.
- **Focalizzati sull'amore, la luce e la verità.** Ogni volta che parli con una persona che ha un atteggiamento mentale egocentrico, continua a sostenere la verità mentalmente o ad alta voce. Non considerare reali le paure dell'altra persona o invocherai il tuo stesso ego. Ricordati sempre che vedi te stesso come vedi gli altri. È meglio ascoltare queste persone con solidarietà, come se stessero descrivendo un film spaventoso che le terrorizza. Proveresti empatia verso i loro sentimenti pur sapendo che la fonte della loro paura è irreale.

♥ ♥ ♥

L'arcangelo Michele è l'angelo custode e il protettore supremo della Terra. Libera il pianeta e la sua popolazione dalle tenebre. Se ti senti stanco o irascibile, può darsi che tu abbia assorbito quest'oscurità. Non si tratta di nulla di reale, ma della paura dell'assenza dell'amore. Poiché è impossibile che l'amore sia assente, non c'è niente da temere. Tuttavia, dal momento in cui crediamo di vivere in corpi materiali, le regole terrene hanno effetto su di noi. Una di queste è che l'energia oscura indebolisce la nostra energia e il nostro umore.

Appena ti rendi conto di essere esaurito o turbato, di certo la causa è un pensiero spiacevole. Probabilmente ti sei identificato con le paure o le preoccupazioni di un'altra persona perché l'hai giudicata, o ti è dispiaciuto per lei o ti ha fatto arrabbiare. Quando ci identifichiamo con le paure di *qualcun altro*, assorbiamo la sua energia oscura diventando una cosa sola con lui attraverso la nostra empatia.

In questi casi, non devi lottare da solo per sbarazzarti dell'oscurità e della paura assorbita; ma devi chiamare l'arcangelo Michele. Non ha bisogno di una richiesta formale, basta solo desiderare il suo aiuto. Dire o pensare "Michele, per favore, aiutami!" è sufficiente per evocare subito la sua assistenza.

Saprai che Michele ti è vicino perché sentirai un forte e improvviso cambiamento di pressione atmosferica. La sua presenza è come un abbraccio eterico, rassicurante ma non compulsivo. Michele ci ama e ci protegge ma non ci considera incapaci, perché vede la nostra vera forza!

Chiedigli (mentalmente o a voce alta) di liberarti da tutta l'oscurità. Non c'è bisogno di aiutarlo: quando, infatti, cerchiamo di essere di supporto, spesso gli siamo d'intralcio. È meglio fare un passo indietro e renderci del tutto vulnerabili fidandoci del suo aiuto. Non tenere nascosto nessun segreto o problema a Michele perché tanto li vede tutti. Tuttavia, non può esserti d'aiuto nelle aree che tieni al riparo dal suo tocco benefico.

Potresti sentirlo aprire la parte superiore della tua testa, l'area del chakra della corona. Michele e i suoi aiutanti, conosciuti come "Compagnia della Misericordia", possono entrare nel tuo corpo e raccogliere le forme pensiero oscure dalle tue cellule, come se stessero raccogliendo mele. Anch'egli utilizza uno strumento simile a un aspirapolvere per eliminare velocemente l'oscurità che c'è in te. Successivamente, Michele inverte il flusso dell'aspirapolvere per rovesciare nel tuo corpo un'energia bianca, densa, simile a un dentifricio, che riempie gli spazi nei quali prima si annidava l'oscurità.

Potresti anche accorgerti che Michele taglia le "corde eteriche" tese tra te e un'altra persona. Tutti noi, non solo i chiarosenzienti, tendiamo queste corde alle persone a cui siamo maggiormente legati. Sembrano delle arterie e hanno diversi gradi di spessore. Solitamente, sono collegate ai nostri principali centri di energia del chakra, come cuore a cuore o plesso solare a plesso solare. Queste corde non creano problemi quando connettono due persone altamente evolute. Tuttavia, potresti avere una corda collegata a un fratello che sta vivendo un periodo di crisi. In questi casi, è probabile che egli si stia nutrendo a spese della tua energia attraverso il collegamento che si è instaurato. In tal caso ti sentirai prosciugato senza sapere il perché. Il motivo è che, invece di attingere dalla sua naturale fonte di vitalità, tuo fratello si sta comportando come un ladro di energia.

Quando chiedi all'arcangelo Michele di aiutarti a ripristinare la tua energia e il tuo modo di vedere, egli usa la sua spada per tagliare le corde eteriche che ti prosciugano. Insieme alla sua "Compagnia della Misericordia" (i suoi assistenti angelici) raccoglie anche gli spiriti terreni erranti collegati a te, che appartengono al mondo ultraterreno. Michele li accompagna verso la luce in modo che possano crescere spiritualmente. Molto spesso sono persone che non si rendono conto di essere morte. In altri casi, questi spiriti terreni hanno paura di andare verso la luce. A volte temono le punizioni e la rabbia di Dio. Altre volte non vogliono lasciare i beni materiali accumulati nella loro vita terrena. Come accennavo prima, quelli che durante la loro vita hanno abusato di alcol e droghe, girano per bar e feste per assorbire l'energia dell'intossicazione.

I Lavoratori di Luce empatici devono monitorare attentamente i loro livelli di energia e umore per prevenire l'aumento di sporcizia psichica derivante dalle paure, dalle preoccupazioni e dagli spiriti terreni. Non temere di non essere gradito all'arcangelo Michele. Egli può essere in più luoghi e con più persone contemporaneamente perché vive in una dimensione non vincolata dalla percezione dello spazio o del tempo. Se vuoi, puoi chiedergli di vivere con te. Non ci sono restrizioni o limitazioni tranne quelle che imponi a te stesso.

Certo, avere Michele al tuo fianco non ti autorizza a disobbedire alla voce interiore di Dio che ti fornisce una guida razionale su come rimanere salvo sul piano terreno e materiale. Se il tuo maestro interiore ti raccomanda di stare alla larga da un certo luogo, non sarebbe saggio ignorare il suo avvertimento solo perché hai chiesto a Michele di accompagnarti. Egli è un servitore e un straordinario fantastico ma, come Dio e tutti gli angeli, non si assumerà la responsabilità di prendere decisioni per noi.

♥ ♥ ♥

Sicurezza spirituale

Sei al sicuro in questo mondo, in realtà, perché nulla può ferire ciò che tu sei davvero. La morte, il dolore e le perdite sono illusioni del mondo materiale. Imprimere nella mente e nel cuore queste verità è il segreto definitivo che ti permette di camminare in assoluta tranquillità, ovunque tu sia.

Gli angeli ti aiuteranno a sentirti sicuro e protetto circondandoti con la loro amorevole energia. Per esempio, prima di andare a dormire la sera, immagina la tua casa circondata da una luce bianca. È un modo efficace per "sigillarla" e isolarla dalle energie negative. Poi, chiedi mentalmente che quattro angeli custodi stiano di guardia a nord, a sud, a est e a ovest della tua casa.

Supponiamo che una persona sia tormentata da pensieri relativi all'ego come ad esempio: "Devo rubare per soddisfare le mie esigenze materiali." Ipotizziamo inoltre che egli si aggiri di notte nel tuo quartiere perché è convinto che rubare sia una fonte di reddito. La tua casa, protetta dagli angeli, respingerà questa persona così legata al suo ego. La tua casa non lo attirerà, anche se non saprà *perché*.

È impossibile che una qualsiasi forza negativa penetri l'amorevole protezione offerta dagli angeli. L'energia angelica allontana quella negativa di chi ha cattive intenzioni, proprio come due magneti si respingono l'un l'altro. Se dovessi avere bisogno di informazioni per evitare una situazione pericolosa, gli angeli ti avviseranno. Ecco un altro motivo per cui è un'ottima idea andare a dormire con la mente tranquilla e rilassata. Dopo tutto, dobbiamo avere accesso ai sogni per la nostra crescita, sicurezza e protezione.

Chiedi sempre agli angeli di attorniare te e i tuoi cari. Quando sono in aeroplano, chiedo loro di circondare e sorreggere l'aereo. Quando sono in macchina, li prego di guidarla e di proteggere le gomme, il telaio e il motore.

Se ti trovi in un ambiente poco familiare o in un luogo in cui ti senti insicuro o imbarazzato, chiedi agli angeli di proteggerti. Se cammini per una via solitaria, gli angeli ti precederanno in volo spianandoti la strada. Interverranno a tuo favore se qualcuno ha intenzioni cattive o sleali. Ti avvertiranno attraverso una forte stretta allo stomaco, se qualcuno sta per tradirti. Per favore, non ignorare queste risposte invisibili alle tue preghiere!

Invece di sforzarti di tenere sotto controllo o di risolvere le situazioni negative su un livello umano, i tuoi angeli lavoreranno con te sul piano spirituale. Ti ricorderanno continuamente che tu hai tutta la forza necessaria, proprio dentro di te. Tu e gli angeli siete parenti in quanto entrambi siete stati creati dall'onnipotente e amorevole Creatore. Puoi rivolgerti al tuo potere divino per guarire qualsiasi situazione e unirti agli angeli per far risplendere la verità e l'amore, ovunque tu vada.

I nostri cari sono davvero importanti e puoi mandare gli angeli a guidarli, a difenderli e a proteggerli. Immagina tuo figlio circondato da dozzine di angeli saggi e amorevoli. Sappi che questa tua visione è l'invito che li porta istantaneamente al fianco di tuo figlio. Se hai un amico in pena, chiedi loro di consolarlo e di aiutarlo.

Inoltre contribuisci a guidare e sorvegliare la tua città, la tua nazione e l'intero pianeta inviandoli ai centri del potere politico e militare. Prega affinché il Regno degli Angeli circondi i leader del governo di infinita saggezza e di amore celeste. Osservali aleggiare felici sui palazzi governativi e di giustizia di tutto il mondo. Sappi che queste tue immagini contribuiscono a fornire ai capi di governo una potente energia benefica che accorda le loro menti focalizzandole sui migliori obiettivi possibili riguardo a molte questioni. Gli angeli li aiutano ad accantonare tutto ciò che concerne il loro Io inferiore e a connettersi con l'unica mente universale di intelligenza divina.

♥ ♥ ♥

Terapia degli angeli

Per molti anni sono stata una psicologa spirituale e ho visto e provato quasi ogni forma di terapia possibile. Possiedo una laurea di primo livello, una di secondo livello e un dottorato di ricerca in psicologia; ho diretto i programmi psichiatrici di due pazienti interni e di tre esterni. Ho affiancato uno psichiatra che somministrava l'elettroshock, vari medicinali e la tradizionale psicoanalisi. Ho visto in azione le terapie di Jung, di Freud e di Rogers. Ho frequentato seminari tenuti da maestri della psicologia come Carl Rogers, Rollo May e William Glasser. Dico tutto questo come base di quello che sto per annunciare.

Mentre lavoravo con alcuni pazienti che avevano blocchi emozionali di vecchia data come un antico rancore verso loro stessi o nei confronti dell'autore di un abuso, un genitore, un fratello o un ex consorte, mi sono accorta che l'unica barriera che devono affrontare è la loro *decisione di liberarsi di queste barriere*. Se una persona decide di restare infelice, nessun livello di terapia sarà efficace. È solo quando la persona dice "*Voglio* stare bene", che avviene la guarigione.

Molto spesso gli assistiti non sono disposti a guarire perché temono ripercussioni legate alla loro salute fisica ed emozionale; hanno paura della noia di una vita libera dalle crisi; temono di cambiare i loro pensieri e comportamenti; pensano che il processo di guarigione sia più doloroso della malattia stessa.

A questo punto entra in gioco la terapia degli angeli. È la più rapida, efficace e divertente forma di guarigione che abbia mai trovato. Devo ringraziare gli angeli per avermi presentato i loro metodi terapeutici. Dopo aver seguito il loro avvertimento quando la mia macchina stava per essermi rubata, ho cominciato a invocarli in ogni ambito della mia vita, compreso il mio lavoro di assistente psicologica.

I loro consigli sulla guarigione sono continuati durante la stesura di questo libro. I messaggi che ho ricevuto e riportato nella Parte I hanno influenzato la mia attuale professione. Mi hanno insegnato il metodo descritto in questo capitolo, assicurandomi che sarebbe stato ben compreso. All'inizio lo usavo con i pazienti a lungo termine che si mostravano molto soddisfatti dei risultati della terapia degli angeli. Poi, ho cominciato a insegnare e a dimostrare questo metodo al pubblico dei miei seminari. Dopo aver ricevuto diversi feedback positivi in merito agli effetti ottenuti, ho deciso di incorporarla in tutte le sessioni.

Oggi il mio compito è quello di ascoltare e riferire ai miei pazienti i messaggi che sento dai loro angeli. Per ricevere questi messaggi, uso una combinazione di chiaroveggenza, percezione uditiva e lettura delle carte oracolo degli angeli. Dopo aver identificato i blocchi emozionali che mettono alla prova il mio paziente, li rimuoviamo attraverso la terapia degli angeli. I blocchi comuni che gli angeli identificano nelle nostre sessioni comprendono la bassa autostima, l'ossessione del denaro, la poca disponibilità a perdonare se stessi o gli altri, la gelosia, la sensazione di insicurezza e la paura di non soddisfare i propri obiettivi.

La terapia inizia con la consapevolezza che ogni dolore, sia esso fisico o emozionale, indica che hai scelto un pensiero del tuo Io inferiore o ego. Farò adesso un breve resoconto su come ciò avvenga. I dettagli relativi al tuo ego non sono indispensabili affinché la terapia degli angeli funzioni; tuttavia, è utile capire le dinamiche della sofferenza e della guarigione.

Dal momento che Dio ha creato solo l'amore, il dolore non è reale, ma è radicato nei pensieri incentrati sull'ego come: "Sono separato da Dio e dalle altre persone." L'io inferiore è assolutamente incapace di amare e dà vita a pensieri che vanno dall'irritazione all'omicidio. A volte i cercatori spirituali sono inorriditi dalle loro idee fredde e violente. Si dicono, allora: "C'è qualcosa che non va in me! Una persona spirituale non dovrebbe pensarla così" e deducono di essere usciti dal sentiero spirituale.

Tuttavia, quando riteniamo che un pensiero sia "cattivo" o "sbagliato", conferiamo all'ego il potere e l'illusione della realtà. Il modo migliore per affrontare i pensieri dell'io inferiore si basa sull'approccio orientale: accorgiti di loro senza esprimere giudizio. Dì a te stesso: "Oh, vedo che sta arrivando un messaggio dell'ego di rabbia, gelosia, competizione o... (riempi tu lo spazio)."

Tutti i pensieri creano forme fisiche che i chiaroveggenti vedono come bolle di sapone. Non esistono pensieri neutrali o periodi di tempo in cui non creino delle immagini, che approdano nel mondo fisico e si manifestano come creazioni che riflettono i tuoi pensieri.

Questo tipo di terapia ti insegna ad accorgerti del pensiero dell'ego e a chiedere aiuto agli angeli affinché ti circondino e ti abbraccino. In un batter d'occhio saranno al tuo fianco. Forse riesci a vedere o a sentire la loro presenza grazie al cambiamento di pressione atmosferica attorno a te.

Puoi immaginare o percepire il pensiero dell'ego come una bolla di sapone grande quanto un melone. Crea un'immagine mentale che rappresenti te stesso mentre tieni la forma del pensiero nella mano con cui abitualmente scrivi. Questa è la tua mano liberatoria. Poi, visualizza o percepisci te stesso mentre consegni questa bolla agli angeli, i quali la portano subito via, alla Luce, dove la purificano. Infine te la restituiscono nella sua forma più pura che è l'amore. Questo amore può contenere idee che ti aiuteranno a trasformare alcuni tratti della tua personalità o alcune situazioni della tua vita. In questo modo puoi correggere qualsiasi abitudine che ha dato vita al pensiero dell'ego originale.

Dopo che senti di esserti liberato dal dolore, è importante ringraziare i tuoi angeli. La tua gratitudine e la tua felicità sono il loro "stipendio" per i servizi resi. Se ti unirai a loro nel rendere gloria a Dio, che è un tutt'uno con il tuo Io superiore, gli angeli saranno doppiamente contenti.

Avvolto in ali d'angelo

Non sei mai solo, gli angeli ti accompagnano costantemente, anche quando non sei a conoscenza della loro presenza. Gli angeli vogliono interagire con te più frequentemente; desiderano essere coinvolti in ogni ambito della tua vita, eppure non possono aiutarti se non sei tu a chiederlo esplicitamente. Così come accade per molte attività che ci fanno bene, tipo la meditazione e l'allenamento, otterremo dei benefici se renderemo la comunicazione con gli angeli parte permanente della nostra vita. Circondati di promemoria come i poster o le statue per non dimenticarti di chiedere aiuto e assistenza ai tuoi amici celesti.

Non dobbiamo aspettare di essere colpiti da una crisi o dalle difficoltà per chiedere aiuto agli angeli. É una buona idea, infatti, collaborare con loro in ogni situazione difficile prima che sia troppo tardi. Tuttavia, anche se ti dimenticassi di includere gli angeli nei tuoi progetti, essi risponderebbero alla tua richiesta di aiuto se dovessi trovarti nei pasticci.

Non ci sono limiti a quello che gli angeli possono fare nella tua vita. Sono esseri molto, molto potenti. Una volta che li inviti nella tua vita, preparati a vederla cambiare in un modo davvero miracoloso. E se ancora non ci credi del tutto, ti accorgerai che esistono davvero dopo aver chiesto e ricevuto il loro aiuto due o tre volte.

Il regno degli angeli ti ama e ti vede per quello che sei veramente: un innocente e perfetto figlio di Dio. Sanno che occasionalmente hai commesso degli errori proprio come tutti noi. Tuttavia, passano sopra ai nostri errori e vedono l'amore e le buone intenzioni nei nostri cuori. Guarda te stesso e gli altri attraverso gli occhi di un angelo e vedrai un mondo meraviglioso, fatto di luce, splendore e speranza.

Tu sei un angelo e una benedizione per il mondo.

L'autrice

Figlia di un guaritore spirituale, Doreen Virtue è cresciuta con esperienze miracolose. Tuttavia, niente l'aveva preparata all'intervento degli angeli che le salvarono la vita durante un tentato furto d'auto. Il contatto con la morte ha spinto Doreen a chiedere agli angeli risposte, aiuto e assistenza. Gli angeli hanno risposto alle sue richieste con parole chiare, amorevoli e meravigliose.

Doreen è in possesso di una laurea di primo livello, una di secondo e un dottorato di ricerca in psicologia; ha diretto due reparti ospedalieri psichiatrici con pazienti interni.

Dopo aver iniziato a lavorare con il regno degli angeli, Doreen ha insegnato ai suoi pazienti e ai suoi seminaristi come sentire le voci dei loro angeli custodi. Nella *Terapia degli angeli* riferisce ai lettori i messaggi celesti.

Doreen è dottoressa in psicologia, insegna ai suoi pazienti come intervenire sulle loro emozioni, sulla mente e sul loro corpo grazie all'intervento degli angeli, ciò che chiama "Terapia degli angeli". Doreen organizza seminari in tutto il paese in cui illustra come sentire i consigli divini. Per ricevere informazioni sul programma dei suoi seminari in Italia, chiedi a My Life: tel. + 39 0541341038 E-mail: info@mylife.it - www.mylife.it

Se vuoi contattare direttamente Doreen Virtue, visita il suo sito www.AngelTeraphy.com.

ECF CARING FOR NATURE

Edizioni My Life rispetta l'ambiente

Gentile lettore,
ti farà piacere sapere che questo libro è stato realizzato
nel pieno rispetto delle norme ambientali.
My Life utilizza infatti carta Certificata
fabbricata con meno del 10% di pasta di legno,
completamente priva di ogni elemento di tossicità e riciclabile al 100%.
Le foreste da cui questa carta viene ricavata sono continuamente rinnovate,
ossia per ogni albero abbattuto uno nuovo viene piantato.

Altri titoli della stessa autrice

Abc degli Angeli - Angels 101
Guida all'interpretazione dei messaggi celesti

Grazie Angeli! (libro per bambini)
Svela al tuo bambino il magico mondo degli Angeli

Lo scopo della vita - Carte dell'oracolo (carte)

Le carte dei messaggi magici dalle fate (carte)

Gli Angeli del Cuore - Le Carte dell'Oracolo (carte)

I Tarocchi degli Angeli (carte)

La sindrome della dieta Yo-Yo (libro)
Come regolare e stabilizzare peso e appetito

Altri libri della stessa collana

Roy Martina
Angeli attorno a noi
Come riconoscerli, attrarli e averli al nostro servizio

Sonia Choquette
Ascolta i tuoi spiriti guida
Come mettersi in contatto con gli angeli e gli spiriti

DVD della Stessa Collana

Rosemary Altea
Messaggi dall'Aldilà
Workshop di Rosemary Altea con casi italiani